당신의 역사가
역사를 만날 때

당신의
역사가
역사를
만날 때

임라원 지음

모길비

존재만으로도 소중하고 고귀한 당신
그리고 당신이 만들어 나갈
찬란한 역사를 위해
이 책을 바칩니다.

할 수 있습니다.
모든 것은 가능합니다.
당신을 믿습니다.

저의 역사에 이런 역사가 생길 줄은 꿈에도 상상 못 했습니다. 이 책을 읽기 전에는 제가 살아온 역사가 그렇게 중요하다고 생각하지 않았습니다. 저도 누군가의 역사에 빛을 비추어 주리라는 것을 알았다면 좀 더 신중하게 저만의 역사를 가꾸었으리라 생각합니다. 하지만 지금도 늦지 않았다고 생각합니다. 나의 역사가 누군가에게 비추었을 때 세상은 더 밝은 빛으로 따뜻해질 것이라 생각하기 때문입니다.

임라원 작가는 역사를 아름다운 언어로 표현했습니다. 당신도 이 아름다운 언어를 마음속으로 느낀다면 더 행복해지리라 믿어 의심치 않습니다. 책을 읽으면서 작가와 소통하려고 많이 노력했습니다. 작가는 사랑이라는 단어를 깊게 알고 있는 듯합니다. 좋은 사람과 함께 있으면 나도 좋은 사람이 되는 것처럼 책을 읽는 내내 마음속에 울려 퍼지는 행복감은 이루 말할 수 없었습니다. 당신도 세상을 행복하게 만드는 놀라운 역사를 간직하고 있습니다. 이 책과 함께 당신의 멋진 역사를 기대하고 소망해 봅니다.

30대 역사 김현석,
빛과 소금의 역사가 되기를 소망하며

당신의 역사가 빛나길 응원하는
10대 소녀가 보내는 편지

고등학생인 제가 《당신의 역사가 역사를 만날 때》를 만난 것은 참으로 기적 같은 일이었습니다. 임라원 선생님과의 역사는 제가 다니는 고등학교에 강연을 오시게 된 어느 날 시작되었습니다. 강연이 끝난 후 저는 선생님께 질문과 조언을 부탁드렸고 그 순간 우리는 꿈을 나누는 소중한 인연으로 발전했습니다.

그날 이후 저는 제 꿈을 위해 최선을 다하는 삶을 살아야겠다고 다짐했습니다. 그리고 다짐을 지키기 위해 노력하는 가운데, 생각지도 못한 기회가 찾아왔습니다. 그 기회가 바로 이 책의 추천사를 쓰는 일이었습니다.

제가 이 책을 통해 소중한 인연과 기회를 경험했던 것처럼 이 책은 모든 사람이 저마다의 유의미한 역사를 찾을 수 있도록 도움을 줄 것입니다. 그리고 그 역사가 조금 더 빛날 수 있도록 방법을 알려줄 것입니다. 추천사를 쓰기까지 《당신의 역사가 역사를 만날 때》를 독자분들에게 소개할 수 있는 최고의 말을 찾기 위해 많이 고민했습니다. 그리고 고민 끝에 이 말이 생각났습니다. "모든 사람은 역사이고, 그 역사는 아름답다."

독자분들의 역사가 빛날 수 있도록 작가는 책을 통해 이야기합니다. 그러므로 이 책은 저와 같은 학생들에게는 삶의 동력이 될 의미 있는 꿈을 발견할 수 있도록 힘을 줄 것이며, 꿈을 가지고 살아가는 사람들에게는 훌륭한 나침반이 되어 줄 것입니다.

독자분들이 앞으로 그려 나갈 아름다운 미래를 격려해주는 것 또한 이 책이 맡는 중요한 역할이라고 생각합니다. 책에 등장하는 모든 역사 이야기는 독자분들의 꿈을 이해해주고 그 꿈 하나하나를 존중해 주기 위해 작가의 목소리를 빌려 진솔함을 전하기 때문입니다.

책을 읽으시는 독자분들이 써 내려갈 아름다운 역사를 응원하는 것. 그것이 바로 이 책이 여러분에게 해주고 싶은 이야기일 것입니다. 이 책을 읽는 모든 이들은 가치 있는 역사를 만들어 낼 꿈을 품게 될 것입니다. 그리고 그 꿈은 반드시 기적을 데려온다는 확신을 갖게 될 것입니다.

여러분께서 이 책을 읽으시는 동안 여러분의 꿈이 응원받을 수 있기를 진심으로 바랍니다. 저 역시 제가 발견한 인생의 가치를 실현하기 위해 저만의 역사를 써 내려갈 것을 약속드립니다.

10대 역사 백금지,
세상을 변화시키는 역사가 되기를 소망하며

당신의 역사를 위해
이 책을 쓴 이유

:

저는 사람을 좋아합니다. 각 사람은 자신만의 과거, 현재, 그리고 미래라는 역사를 통해 가능성이라는 멋진 가치를 창출하기 때문입니다. 그래서 제 눈에 당신은 아주 아름다운 생명이자 역사로 보입니다. 그러나 최근 들어 당신을 보며 이런 생각을 했습니다. 그런 당신께서 요즘 따라 새로운 힘과 방향이 필요해 보인다는 것을요.

당신은 음악가를 꿈꾸는 10대 학생입니다. 그러나 당신의 부모님께서는 당신의 꿈을 반대하십니다. 음악 전공자가 사회에 나가서 제대로 밥벌이나 할 수 있을지 걱정이 되기 때문입니다. 당신은 20대 청년입니다. 당신은 언제부턴가 기회라는 단어를 등한시하게 됐습니다. 기회는 왠지 특별한 사람들에게만 허락되는 사치 같다는 생각이 들기 때문입니다.

당신은 30대 직장인입니다. 당신은 어떤 길을 선택해야 이득이 될지 고민합니다. 그래서 당신은 승승장구하기 쉬운 길을 선택하고 싶어 합니다. 당신은 40대 성인입니다. 누군가의 동료이자 직원인 당신은 어느 순간 자신이 아닌 타인을 위해 당신의 모든 것을 집중하게 됐습니다.

당신은 50대 가장입니다. 그동안 내가 아닌 다른 사람이 써주는 역사대로 살다 보니, 이제는 누군가가 당신의 마음을 이해해줬으면 합니다. 당신은 60대 중년입니다. 이제 회사에서는 당신을 필요로 하지 않는다고 합니다. 그 누구보다 치열하게 살아온 당신입니다. 그러나 퇴직하고 나니 당신은 그 누구로부터 존중받지 못한다는 생각이 듭니다.

마음은 20대입니다. 그러나 거울에 비친 당신은 노인이라는 단어가 그리 불편하지 않은 70대 어른입니다. 그럼에도 당신은 아직 노인이라는 단어가 친숙하지 않습니다. 100세 시대의 대한민국 사회에서 당신은 아직도 한참을 더 살아야 하기 때문입니다. 그래서 당신은 전 재산을 털어서 새로운 도전을 시작했습니다. 그러나 그 결심이 선지 얼마 되지 않아, 당신은 기적이 일어나기만을 기도합니다. 새로 시작한 도전에 있어서 당신에게는 경제적 위기 그리고 불안감이 찾아오기 때문입니다.

저는 당신의 역사를 살아가고 있는 또 다른 당신의 일부입니다. 그래서 저는 당신과 당신의 역사를 좋아합니다. 그런데 제가 좋아하는 당신과 당신의 역사가 힘들어하고 있는 것을 보며 마음이 아팠습니다. 모두 함께 잘 살아야 의미가 있는데 혼자서는 잘 살아봤자 아무 의미가 없기 때문입니다. 그래서 저는 그런 당신을 보며 한 가지 다짐을 했습니다. 다시 한번 당신과 당신의 역사가 빛날 수 있도록, 젊은 날 저의 모든 것을 걸고 당신의 길을 비추는 데에 최선을 다하겠다는 다짐 말입니다.

저는 아직까지 가능성의 힘을 믿고 있는 열정 가득한 청춘입니다. 그래서 저에게 각 사람 한 명 한 명은 가능성이라는 역사의 대미를 장식할 소중한 존재로 보입니다. 그런 소중한 존재는 그에 맞는 소중한 선물을 받아야 합니다. 그리고 그런 존재를 위해, 저는 무엇을 해야 할지 고민했습니다.

사실 마음만 앞섰지 뭐부터 해야 할지 감이 잡히지 않았습니다. 그러다 어느 날 이런 생각이 들었습니다. 우선 뭐라도 해보면 답이 나올 것이라는 생각 말입니다.

지난 1년 동안 정말 많은 책을 읽었습니다. 그러나 저는 이 중에서도 역사책을 가장 많이 읽었습니다. 제가 아는 역사는 현재 우리가 겪고 있는 문제에 대해 과거에는 어떤 해결책이 있었는지를 너무나 뚜렷하게 보여주는 진리이기 때문입니다. 그런 의미에서 저는 당신을 위해 총 7개의 역사 선물을 준비했습니다. 그것은 꿈, 기회, 선택, 집중, 이해, 존중, 그리고 기적입니다.

놀라시겠지만 당신처럼 음악의 거장인 차이코프스키도 꿈을 안고 있었습니다. 그러나 그의 주변에서는 그의 꿈을 응원하고 믿어주는 이가 많지 않았습니다. 심지어 그의 가족들조차 말입니다. 그래서 차이코프스키는 방법을 찾아냈습니다. 그리고 그는 말합니다. "그 누구도 자신의 꿈을 믿어주지 않는다면, 자기 자신이 그 꿈을 믿어주면 됩니다."

당신이 흙수저, 금수저를 말하듯 세계 정치에도 수저론이 있습니다. 사회주의 국가인 쿠바는 세계 정치에서 흙수저 중에서도 흙수저 국가였습니다. 그러나 다이아몬드 수저를 가진 미국은 흙수저 쿠바가 기회를 누리지 못하도록 약 150여 년간 쿠바를 괴롭혔습니다. 그런데도 쿠바는 모든 역경을 이겨내고 혁신을 추구하며 자신만의 기회를 창출했습니다. 그래서 쿠바는 말합니다. "누군가가 당신에게 기회를 주기만을 기다리고 있나요? 글쎄요… 일을 벌이지 않았는데, 기다릴 기회가 있을까요?"

당신처럼 선택이 갈림길에 섰던 사람이 있습니다. 무용수, 영화배우, 그리고 영화감독의 커리어를 거친 독일의 레니 리펜슈탈입니다. 레니는 승승장구하고 싶어 했습니다. 레니는 힘 많고 돈 많은 히틀러를 선택했던 덕분에 그 누구보다도 빠르게 성공할 수 있었습니다. 그러나 레니는 말합니다. "내가 저지른 최악의 실수는 히틀러를 선택했다는 거예요. 섣부른 선택을 하면 당신은 나처럼 인생 나락의 지름길을 걷게 될 거예요."

　당신처럼 타인의 성공을 위해 자신의 모든 것을 한쪽에만 집중했던 사람들이 있습니다. 아파르트헤이트라는 인종차별 정책에 열렬한 지지를 보냈던 남아공 출신의 백인들입니다. 그들은 그 누구보다도 아파르트헤이트 정책을 위해 자신의 모든 것을 한 세력의 권력 강화에만 집중했습니다. 그러나 그들은 다음과 같은 교훈을 얻었습니다. "한쪽으로 집중된 권력은 협력의 아름다움을 알지 못합니다. 권력은 모든 이의 권리와 권위가 공존할 때만 존재하기 때문입니다."

　당신처럼 누군가의 이해를 받고 싶던 사람들이 있습니다. 1800년대의 시각장애인들입니다. 당시의 시각장애인들에게는 그들의 마음과 생각조차 표현할 수 있는 문자가 없었습니다. 그래서 프랑스 출신의 시각장애인이었던 루이 브라유는 시각장애인들이 사용할 수 있는 점자를 만들었습니다. 그리고 이 점자를 만든 브라유는 말합니다. "당신은 너무나 아름다워요. 나는 시각장애인도 그런 아름다움을 느끼고 이해하고 표현할 수 있도록 점자를 만들었습니다."

당신처럼 치열하게 산 것에 대한 보답으로 한 세대의 존중을 넘어 존경을 받았던 사람이 있습니다. 일제강점기 시절 청년의 미래와 대한의 독립을 위해 목숨 바쳐 헌신하신 강우규 의사님입니다. 그러나 강우규 의사님께서는 말씀하십니다. "존중을 넘어 존경을 받고 싶나요? 그럼 어른은 청년에게 헌신의 정신을 보여줘야 합니다. 그렇지 않고선 역사는 이어질 수 없습니다."

당신처럼 기적을 바랐던 사람들이 있습니다. 생존보다 죽음이라는 단어가 가까웠던 6.25 전쟁의 피란민입니다. 기적적으로 살아남은 피란민은 당신이라는 생명을 탄생시킨 또 다른 역사입니다. 그래서 그들은 말합니다. "요즘 살기가 참 힘들지요? 네, 다 이해합니다. 그럼에도 꼭 살아남으세요. 살아있어야 기적도 경험할 수 있으니까요."

차이코프스키, 쿠바, 레니 리펜슈탈, 남아프리카공화국, 루이 브라유, 강우규 의사님, 그리고 6.25 전쟁. 이 역사들은 현재 우리가 살아가고 있는 역사와 비슷한 역사를 살았습니다. 그러나 이들은 알려 줍니다 사람은 힘들 때 새로운 힘과 방향이 필요하다는 것을요. 그리고 그 힘과 방향을 위해 사람은 꿈, 기회,

선택, 집중, 이해, 존중, 그리고 기적이 필요하다는 것을요.

제가 준비한 총 7개의 역사는 당신에게 지혜의 메시지를 선사할 것입니다. 저는 당신께서 이 메시지를 접하신 뒤 세상에 존재하는 불가능을 가능으로 바꾸는 멋진 역사가 되기를 소망합니다. 당신은 당신이 생각하는 것보다 만 배 이상의 가치를 지니기 때문입니다.

할 수 있습니다. 모든 것은 가능합니다. 당신을 믿습니다.

임라원

이 책이 온 세상을 바꿀 수는 없지만,
이 책을 읽는 한 사람의 세상은
바꿀 수 있다고 믿습니다.

한 사람을 구하는 것은
세상 전체를 구하는 것과
같다고 합니다.

한 사람과 세상을 구하는
우리의 역사가 되기를
소망합니다.

차례

당신의 역사를 위해 이 책을 쓴 이유   10

제1장 꿈의 역사

응원받지 못했던 차이코프스키가 믿음으로 이룬 꿈

알레그로 콘 스피리토, 활기차고 생생하게

24	청각으로 느낀 대기만성의 기운
26	간접화법의 대가, 차이코프스키
29	아들아, '사'자가 아니면 직업이 아니란다
34	도저히 포기할 수 없는 꿈
37	피아노 협주곡 1번
41	알레그로 콘 스피리토

제2장 기회의 역사

쿠바가 위기 속에서 찾아냈던 기회

고마워, 네 덕분에 난 더욱 강해졌어

48	기회 용량의 법칙
53	쿠바를 오래전부터 탐냈던 미국의 묘수
58	플래트 수정안을 지키려는 자와 없애려는 자
63	쿠바의 제1차 토지개혁과 미국의 보복

69   소련과 손잡은 쿠바와 제2차 토지개혁

72   더 커진 미국의 보복

75   새로운 기회와 혁신, 제3차 토지개혁과 오가노포니코

80   고마워, 모두 다 네 덕분이야

제3장 선택의 역사
히틀러에게 다가갔던 여자의 가벼웠던 선택

가벼운 선택, 가벼운 역사

86   Choose와 Select의 차이

89   도전과 관심을 좋아했던 사람

93   충동적인 선택

95   잘못된 선택의 서막

100   나락으로 가는 지름길

105   죄인이라는 꼬리표

107   가벼운 생각, 가벼운 선택, 가벼운 역사

제4장 집중의 역사
아파르트헤이트와 한쪽으로 집중된 권력의 결말

쟁기를 든 농부가 해야 하는 일

114   땅과 땅의 주인 그리고 쟁기와 농사꾼

118   잔인한 농부들의 탄생

122 '악'을 먹고 자라는 열매, 아파르트헤이트
128 권력 집중화와 권력 견제의 실종
133 권리와 권위 없는 공화국
138 독선자의 결말
140 권력의 본질과 농부가 해야 하는 일

제5장 이해의 역사

이해하고 표현하기 위해 탄생한 브라유 점자

아름다움을 찾아가는 과정

146 그들이 바라보는 세상과 아름다움
151 송곳으로 시작된 시련
154 어둠에 적응해간다는 것
158 파리 왕립 맹아 학교의 우등생
161 브라유 점자 탄생에 필요했던 필연적 만남
163 송곳으로 창조한 아름다움
165 섬세한 표현, 아름다움을 찾아가는 과정

제6장 존중의 역사

존중을 넘어 존경받는 부자 할아버지의 독립운동

늙은 얼룩말의 헌신

174 늙은 얼룩말

177   가난해서 선택했던 길
178   돈 이상의 가치
182   말이 아닌 행동으로
185   설마, 노인이 그랬겠어?
188   의열의 시작
189   헌신과 흐르는 물을 기억하며

제7장 기적의 역사

••••••••••••••••••••••••••••••••
한국전쟁 그리고 살려고 하는 생명이 선사하는 기적
••••••••••••••••••••••••••••••••

고귀한 생명의 기적

196   다시 한번 열심히 살아보고 싶다는 마음
202   UN에서 새롭게 맡은 임무
206   안보리에서 논의된 6.25 전쟁
212   막순아, 여기 운동장이 아니다
215   피란민을 위한 흥남 철수 작전
217   193척의 배와 메러디스 빅토리호의 기적
221   당신이라는 고귀한 기적

고마운 역사께   226

참고문헌   229

"나는 영혼을 바쳤습니다. 당신은 모를 거예요. 살아갈 날이 남아있다는 사실이 내게 얼마나 큰 기쁨으로 다가오는지. 그리고 아직 이룰 것이 얼마나 많은지."

표트르 일리치 차이코프스키 (1840~1893)

응원받지 못했던
차이코프스키가
믿음으로 이룬 꿈

Мечта одного человека

알레그로 콘 스피리토, 활기차고 생생하게

. . . . .

청각으로 느낀 대기만성의 기운

누군가가 제게 "당신에게 있어서 살면서 꼭 필요한 세 가지는 무엇입니까?"라고 묻는다면, 저는 그중 한 가지는 한 치의 망설임도 없이 대답할 수 있습니다. 그것은 바로 음악입니다. 생리학자들은 외부의 자극으로 생기는 감각을 다섯 가지로 분류하는데 그것을 시각, 청각, 후각, 미각 그리고 촉각으로 나누어서 오감(五感)이라고 부르지요.

여러분께서는 시각, 청각, 후각, 미각, 촉각 중 어떤 감각이 유달리 발달한 것 같다고 느끼시나요? 아마 가장 좋은 경우는 모든 감각이 골고루 발달한 경우일 것 같습니다. 그러나 저의 경우에는 청각이 다른 감각들보다 더욱 발달한 것 같습니다.

우선 청각이 다른 감각들보다 뛰어나면 아주 좋은 장점들이 몇 가지 있습니다. 그 중 대표적인 장점은 소리를 통해 거의 모든 것을 파악할 수 있다는 것입니다. 잠깐, "소리로 모든 것을 알아낸다니 이건 도대체 무슨 소리지?"라는 생각이 드시지요? 물론 모든 것은 아닙니다. 그러나 적어도 음악을 들었을 때는 그 음악을 작곡한 작곡가의 삶, 성격, 심리 상태를 남들보다 더 예리하게 잡아낼 수는 있습니다.

이런 저의 특이한 재주 덕분에 제 주변의 많은 분들께서는 "근데 이게 살아가면서 도움이 되나요?"라고 여쭤보실 때가 있습니다. 그리고 저는 그럴 때마다 늘 확고한 답변을 드립니다. "네, 무척이나요." 참 신기하지요? 예를 한번 들어보겠습니다. 저는 차이코프스키의 〈피아노 협주곡 1번〉을 참 좋아합니다. 〈피아노 협주곡 1번〉은 굉장히 반전 매력이 강한 곡입니다. 이 곡은 마치 드넓은 호수에 높은 파도 떼가 몰려오는 듯한 분위기를 풍깁니다. 그래서 이 곡은 파도라는 웅장함과 호수라는 잔잔함을 음악적으로 동시에 표현합니다. 그런데 이 곡에는 또 다른 놀라운 특징이 있습니다. 그건 바로 이 곡의 멜로디, 박자, 그리고 강약의 정도가 차이코프스키의 인생을 거의 그대로 묘사한다는 것입니다.

사실 차이코프스키는 음악사에 몇 안 되는 아주 전형적인 대기만성형 작곡가입니다. 그는 세계적인 작곡가가 되기까지 남들보다 훨씬 더 오랜 시간을 보내야만 했습니다. 그러나 대기만성의 길은 순탄치 않았습니다. 차이코프스키의 주변에는 그의 꿈을 응원하고 믿어준 사람이 많지 않았기 때문입니다.

어떻게 보면 우리 사회에도 아주 많은 차이코프스키들이 숨어 있다고 볼 수 있습니다. 분명 꿈이 있는데 그 꿈을 응원해주는 사람이 없으니, 자꾸 본심을 숨길 수밖에 없기 때문입니다. 그래서 저는 자신의 꿈을 이루고 싶은 분들을 위해 차이코프스키의 역사와 그가 작곡했던 〈피아노 협주곡 1번〉의 탄생 과정을 소개해드리려 합니다. 차이코프스키의 역사를 아는 순간, 당신의 꿈은 아주 멋진 역사로 기록될 것이 분명하기 때문입니다.

간접화법의 대가, 차이코프스키

여러분께서는 혹시 차이코프스키가 작곡한 〈피아노 협주곡 1

번〉의 제1악장을 들어보신 적이 있으신지요? 저는 이 곡을 들을 때마다 매번 생각한 것이 있습니다. 그것은 이 곡의 연주 시간이 지휘자마다 너무 다르다는 것입니다. 대체로 〈피아노 협주곡 1번〉의 제1악장은 약 21분 정도 연주가 됩니다. 그런데 제가 이때까지 들었던 연주 중에 가장 짧았던 연주는 약 18분 정도, 그리고 가장 길었던 연주는 약 24분 정도가 소요됐습니다.

물론 연주 시간에 있어서 정해진 답은 없습니다. 그러나 다른 작곡가들과 비교했을 때 유독 차이코프스키의 곡들은 어떤 지휘자가 지휘를 하는지에 따라 연주 시간이 크게 달라진다는 특징이 있습니다. 그래서 저는 생각했습니다. "도대체 왜 이렇게 차이코프스키의 곡들은 하나같이 연주 시간이 천차만별인 걸까?" 저는 이에 대한 답을 차이코프스키의 음악 표현법에서 찾을 수 있었습니다. 차이코프스키는 〈피아노 협주곡 1번〉의 제1악장에서 다음의 음악 표현법을 활용합니다. '알레그로 논 트로포 에 몰토 마에스토소–알레그로 콘 스피리토Allegro non troppo e molto maestoso–Allegro con spirito'

네, 여러분의 그 표정. 제가 다 압니다. 조금 어려운 표현들이지요? 이 뜻은 '빠르지만 너무 빠르지는 않게, 그러나 매우 웅장하면서 활기차고 생생하게'라는 뜻을 담고 있습니다. 저는 이 표현법의 해석을 봤을 때 저도 모르게 속으로 이런 생각을 했습니다. "빠르면 빠른 거지, 빠르지만 빠르지 않게는 도통 무슨 말인지…? 이래서 지휘자마다 연주 시간이 천차만별이군…"

여러분께서도 공감이 가시는지요? 저는 개인적으로 이도 저도 아닌 간접화법보다는 확고하게 말해주는 직접화법을 선호하는 편입니다. 그래서 저같이 확고한 것을 좋아하는 사람은 〈피아노 협주곡 1번〉의 애매모호한 음악 표현법이 다소 당황스럽기만 합니다. 도저히 이 음악을 어떻게 표현해야 할지 감이 잡히지 않기 때문입니다.

그런데 이런 말이 있잖아요? 하나를 보면 열을 안다는 말. 차이코프스키의 특징 중 하나는 이런 애매모호하면서도 상당히 의미심장한 연주법을 연주자에게 지시한다는 것인데, 그의 이런 모습은 그의 교향곡 6번인 〈비창〉의 제1악장에서도 여실히 드러납니다. 바로 이 표현법으로 말입니다. '아다지오-알레그로 논 트로포Adagio-Allegro non troppo.'

이 뜻은 '느리고 빠르게 가되, 지나치지는 않게'라는 뜻이 있습니다. 저 같은 사람에게 이런 표현은 마치 카페에서 주문할 때 이렇게 주문하는 것과 똑같습니다. "저기요, 여기 뜨거운 아이스 커피 하나만 주시겠어요?" 솔직히 뜨거운 아이스 커피를 마실 거면 차라리 커피를 마시지 않는 게 나을 수도 있습니다. 그만큼 이도 저도 아닌 맛이 분명할 테니까요. 그래서 저는 또 한번 곰곰이 생각을 해봤습니다. "차이코프스키는 왜 이렇게 간접화법을 좋아하는 걸까?"

저는 그의 역사를 통해 아주 중요한 사실을 발견할 수 있었습니다. 차이코프스키는 간접화법을 좋아하는 것이 아닙니다. 그는 살면서 직접화법을 제대로 배운 적이 없었기 때문에 간접화법만 썼던 것입니다. 그가 직접화법을 배우지 못했던 데에는 이유가 있습니다. 자신의 마음을 솔직하게 표현해봤자 그 누구도 그의 말을 들어준 사람이 없었기 때문입니다.

아들아,
'사'자가 아니면 직업이 아니란다

차이코프스키의 본명은 표트르 일리치 차이코프스키로서 그는 1840년 러시아 우랄지방에 위치한 봇킨스크라는 시골 마을에서 태어났습니다. 당시의 봇킨스크에는 러시아 제국 소유의 광산이 있었습니다. 그리고 차이코프스키의 아버지는 이곳 광산에서 관리 감독관 일을 하고 계셨습니다.

차이코프스키의 어머니는 프랑스계 러시아인이었습니다. 그런데 여기에는 재미있는 사실이 한 가지 숨어 있습니다. 당시의 러시아 상류사회는 고급스러운 프랑스 문화를 참 좋아했다는 것입니다. 그래서 러시아 상류사회로 진입을 꿈꿨던 차이코프스키의 어머니는 차이코프스키의 가정교사를 구할 때도 오로지 프랑스 출신의 여성만을 고집했습니다.

저는 예전에 차이코프스키와 관련한 책을 읽으며 이런 생각을 했습니다. "오호, 프랑스 출신의 가정교사를 고용할 정도라면 그래도 집안이 어느 정도는 괜찮았겠네." 그러나 제가 예상했던 것과는 다르게 차이코프스키의 집안 형편은 그리 좋지 않았습니다. 차이코프스키의 아버지는 가정에 그다지 관심이 없던 분이셨고, 경제적으로도 항상 돈이 부족했기 때문입니다. 그런데도 차이코프스키의 가정에서 가정교사를 고용했던 데에는 이유가 있습니다. 그건 바로 차이코프스키의 어머니께서 병약하셨기 때문입니다.

이러한 가정환경 때문에 차이코프스키의 성격은 점점 내성적으로 변해갈 수밖에 없었습니다. 그러나 내성적으로 변해가는 차이코프스키를 보며 그의 가정교사는 걱정하기 시작했습니다. 아이가 너무 내성적이어서 자신의 속마음을 그 누구에게도 표현하지 않았기 때문입니다. 이를 위해 가정교사는 차이코프스키가 음악을 좋아한다는 것을 깨닫고 그에게 음악을 가르쳐주며 이런 말을 자주 해주곤 했습니다.

"표트르, 표트르는 하고 싶은 말이나 감정을 언어로 표현하는 게 많이 어렵니? 그러면 얼마든지 다른 방법으로도 너의 마음을 표현할 수 있어. 그런 의미에서 표트르가 하고 싶은 말을 음악으로 한번 표현해보는 건 어떨까? 우리 표트르는 피아노 치는 걸 좋아하니까 말이야."

어린 시절부터 따뜻한 조언과 격려를 받지 못했던 차이코프스키는 가정교사의 말을 듣고 조금씩 달라지기 시작했습니다. 그는 가정교사의 조언에 따라 그의 생각과 감정을 음악으로 표현하는 길을 선택했기 때문입니다. 그리고 이렇게 자신만의 언어를 음악으로 표현하는 데에 익숙해진 차이코프스키는 점차 성장하면서 음악가가 되고 싶다는 꿈을 갖게 됩니다.

그러나 그는 대학 입시를 준비할 때만 하더라도 많이 고민할 수밖에 없었습니다. 다름 아닌 그의 부모님 때문입니다. 원래 차이코프스키는 대학에 입학할 때 음악학을 전공하고 싶어 했습니다. 그는 용기를 내어 그의 부모님께 음악을 향한 자신의 마음을 고백했습니다.

그런데 웬걸요? 이 고백을 듣자마자 차이코프스키의 부모님께서는 이런 반응을 보이셨습니다. "뭐? 음악? 아들아… 너 음악으로 먹고사는 게 얼마나 힘든지 아느냐? 음악은 천재가 아닌 이상 성공할 수가 없어요. 솔직히 말해서 네가 음악을 좋아하는 건 알겠지만, 네 실력이 천재 정도인지는 모르겠구나. 예술이 얼마나 힘든데 그 어려운 길을 가려고 하니? 그러지 말고… 그래, 법조인! 네가 머리는 좋으니까 변호사나 검사, 판사가 되는 건 어떻겠니? 아들아, 이 러시아에서는 뭘 하든 법을 해야 힘도 생기고 상류사회로 들어갈 수 있는 법이란다. 그런 의미에서 엄마, 아빠는 네가 법학과로 진학하면 너무 좋을 것 같다고 생각해. 우리 아들, 그렇게 해줄 수 있겠지?" [1]

여러분, 이 모습 어디서 많이 본 것 같지 않으신지요? 저는 이 모습을 보며 러시아판 드라마 《SKY 캐슬》을 보는 줄 알았습니다. 어쩜 이리도 차이코프스키의 부모님은 '사'자 직업을 좋아하시는지. 정말이지 이런 부분은 러시아나 대한민국이나 비슷한 것 같습니다.

그런데 저에게는 이보다 더 놀라운 사실이 있습니다. 그것은 바로 차이코프스키가 부모님의 말씀을 듣고 보였던 행동입니다. 여러분께 질문을 하나 드려보겠습니다. 만약에 여러분께서 차이코프스키와 같은 상황에 놓이게 되신다면, 여러분께서는 어떤 선택을 하시겠는지요? 제가 선택지를 드려보겠습니다.

A : 내 꿈이니, 한번 할 수 있는 데까지 해보자.

B : 부모님이 원하시니까 부모님 말씀을 듣자.

자, 선택하셨나요? 저는 예상하셨겠지만 "한번 할 수 있는 데까지 해보자"라는 마음으로 A를 골랐습니다. 그럼 차이코프스키는 어떤 선택을 했을까요? 차이코프스키는 저와는 정반대로 B의 선택지를 골랐습니다. 그렇다면 차이코프스키는 왜 B라는 선택지를 골랐을까요? 저는 그와 관련한 책들을 읽으며 그 이유를 발견할 수 있었습니다. 그 이유는 차이코프스키가 대단히 순종적인 사람이었기 때문입니다.

슬픈 사실이지만 순종적인 사람에게 있어서 부모님의 말씀은 곧 법이 됩니다. 그래서 차이코프스키는 부모님의 말씀을 따라 상트페테르부르크 법률학교에 진학하여 그의 부모님께서 원하셨던 법학을 공부했습니다. 심지어 차이코프스키는 효자여서 상트페테르부르크 법률학교도 매우 우수한 성적으로 졸업했습니다. 그래서 그는 졸업과 동시에 러시아 제국 법무성에도 합격하여 법률가로서의 삶을 살기 시작했습니다. 결국, 이 모든 것들이 차이코프스키의 뜻이 아닌 부모님의 뜻대로 된 것입니다.

도저히 포기할 수 없는 꿈

법률가로서의 삶은 그리 오래 가지 않았습니다. 음악을 향한 그의 열정은 막을 수가 없었기 때문입니다. 이 이유로 차이코프스키는 어느 날 갑자기 법률가라는 안정적인 삶을 포기하고, 그의 가족들과 친척들 앞에서 그의 오랜 꿈을 다시 한번 용기를 내고백했습니다.

"여러분, 저 드릴 말씀이 있어요. 저 사표 냈어요. 아무리 생각해도 이건 제가 원하는 삶이 아닌 것 같아요. 그러니 이제는 제 꿈을 말리지 말아주세요. 저는 상트페테르부르크에 있는 음악원에 다시 입학할 거예요. 저는 음악가가 되고 싶어요."

차이코프스키의 성격을 고려한다면 그의 발언은 대단히 용감했습니다. 그러나 그의 용기에도 불구하고 차이코프스키의 삼촌은 그를 극구 말리며 이런 반응을 보였습니다.

"뭐? 지금 다들 법무성에 가고 싶어서 안달이 났는데 이런 신의 직장을 그만두겠다고? 애야, 내가 봤을 때 너는 아직도 세상을 잘 모르는 것 같구나. 네가 정말 음악으로 성공할 수 있을 것 같니? 음악은 충분히 취미로도 할 수 있는데 왜 이렇게 사람이 이성적이지 못하니? 네가 음악을 하면 상류사회 사람들이 너를 사람 취급이나 하겠니? 너라는 애는 정말 쓸모도 없고 이해할 수도 없구나."[2]

사람이 가장 상처받을 때가 언제인지 아시는지요? 사람은 자신이 쓸모없는 무가치한 존재라는 말을 들을 때 상처를 받습니다. 그런데 차이코프스키는 이런 모진 말을 듣고도 참았습니다. 그러니 여러분께서도 한번 생각해보세요. 얼마나 차이코프스키가 음악이 하고 싶었으면 남들이 부러워할 만한 직장도 관두고 음악을 선택했겠는지요? 그리고 얼마나 음악을 사랑했으면, 그렇게 소심한 사람이 직설적으로 자신의 꿈을 고백했겠는지요? 제가 차이코프스키의 친척이었다면 저는 그를 위해서라도 그의 꿈을 응원해줬을 것입니다. 아무리 가까운 가족이나 친척이어도 한 사람의 잠재력은 함부로 평가를 하면 안 되는 것이기 때문입니다. (다행히 차이코프스키의 아버지는 이 고백을 듣고 그가 음악가가 되는 것을 허락해주셨습니다.)

그래서일까요? 차이코프스키도 이번만큼은 물러서지 않았습니다. 진심으로 음악이 하고 싶었기 때문입니다. 자신의 꿈을 위해 차이코프스키는 친척들의 반대에도 불구하고 1862년에 다시 상트페테르부르크 음악원에 입학하여 작곡을 배웠습니다. 그런데 여기에는 반전이 있습니다. 그는 그의 가족 그리고 친척들이 말한 것과는 다르게 아주 천재적인 작곡 실력을 갖추고 있었기 때문입니다. 그리고 그런 천재적인 능력 덕분에 차이코프스키는 1866년에 모스크바 음악원의 교수로 임용이 되기도 합니다.

생각해보면 그렇습니다. 가족 그리고 가까운 친척들도 "네 꿈이 말이나 된다고 생각하니? 제발 정신 좀 차려라"라는 말을 하면, 자식은 할 말이 없어집니다. 나를 낳아주신 부모님도 응원해주지 않으시는데, 세상 그 누가 나를 응원해주겠냐는 생각이 들기 때문입니다. 그래서 차이코프스키는 늘 자신의 꿈을 속 시원하게 말할 수 없었습니다. 그리고 그 꿈을 증명할 길도 없었습니다. 그러나 이제는 차이코프스키에게도 그 역량을 증명할 방법이 생겼습니다. 〈피아노 협주곡 1번〉으로 말입니다.

피아노 협주곡 1번

피아노 협주곡은 일반 교향곡과는 다르게 피아노를 주인공으로 하는 오케스트라를 연출해야 합니다. 그래서 웬만한 실력 있는 작곡가들도 피아노 협주곡을 작곡할 때는 생각보다 많은 어려움을 호소합니다. 이 곡은 다른 곡들보다 더 정교한 기술과 정성 그리고 시간을 필요로 하기 때문입니다.

차이코프스키는 1874년 11월의 어느 날, 그 어떤 이유도 없이 갑자기 〈피아노 협주곡 1번〉을 작곡하기 시작했습니다. 사실 1874년은 그가 34세였을 때입니다. 요즘 시대에서 34세는 활발하게 사회활동을 하기 아주 좋은 나이입니다. 그러나 차이코프스키가 살고 있던 1800년대 후반에는 러시아 인구의 평균 기대 수명이 35세였습니다. 이는 즉 대부분의 사람들이 35세가 되면 사망했다는 것을 의미합니다.

평균 기대 수명이 35세인데 34세에 작곡을 했다는 것은 거의 85세의 할아버지가 84세에 새로운 작품을 썼다는 것과 같은 논리입니다. 저는 차이코프스키가 왜 이런 늦은 나이에 피아노 협주곡이라는 어려운 곡을 작곡하려 했는지 궁금했습니다. 그리고 저는 그의 의도를 파악하기 위해 오로지 제 청각에만 의

존하여 그 이유를 파헤치려 했습니다.

〈피아노 협주곡 1번〉을 처음 들었을 때 제가 느낀 감정은 이렇습니다. 차이코프스키가 죽기 전에 걸작을 하나 만들고 싶었다는 느낌 말입니다. 저는 그의 멜로디와 박자에서 음악을 향한 그의 절실함을 느낄 수 있었습니다. 그리고 그런 저의 예상은 맞았습니다. 차이코프스키는 실제로 생전에 작곡을 향한 자신의 마음을 이렇게 표현했기 때문입니다. "나는 작곡을 위해 영혼을 바쳤습니다. 당신은 모를 거예요. 살아갈 날이 남아있다는 사실이 내게 얼마나 큰 기쁨으로 다가오는지. 그리고 아직 이룰 것이 얼마나 많은지."[3]

이런 절실함에도 불구하고 〈피아노 협주곡 1번〉은 처음부터 많은 사람들로부터 사랑을 받았던 것은 아닙니다. 좀 더 솔직하게 표현하자면 사실 이 곡은 혹평의 대상이 되기도 했습니다. 왜일까요? 그 이유는 바로 그의 친구 때문입니다. 당시의 차이코프스키에게는 니콜라이 루빈스타인이라는 절친한 친구가 있었습니다. 루빈스타인은 당대의 유명한 피아니스트였기 때문에 그가 연주하는 곡은 곧바로 대중의 인기를 끌 수 있었습니다. 이 사실을 알고 있던 차이코프스키는 이 곡을 친한 친구인 루빈스타인에게 헌정하려 했습니다. 그러나 당황스럽게도 루빈스타인은 이 곡을 듣자마자 차이코프스키에게 코웃음을 지으며 이런 혹평을 남겼습니다.

"차이코프스키, 자네가 내 친구니까 정말 솔직히 말을 해주겠네. 내 음악 인생에서 이렇게 최악의 피아노 협주곡은 처음 들어보는 것 같네. 도대체 어떻게 이게 피아노 협주곡이란 말인가? 자네, 그러지 말고 이 곡은 포기하는 게 어떻겠는가? 그게 싫다면 내가 시키는 대로 악보를 수정해보는 것도 하나의 방법이 될 수는 있겠군."[4]

저는 루빈스타인의 혹평을 보며 이런 생각을 했습니다. "아니, 당신이야말로 무슨 자격으로 그런 말을 하는 거지요?" 차이코프스키의 곡이 싫으면 루빈스타인은 그냥 이렇게 말했으면 되는 것입니다. "친구여, 작곡하느라 정말 수고가 많았겠군. 새로운 시도인 것 같기는 하지만 내 취향은 아닌 것 같구려. 이 곡을 다른 사람들에게도 들려주는 게 어떻겠는가?"

그러나 루빈스타인은 차이코프스키에게 이렇게 말하지 않았습니다. 그는 오히려 차이코프스키가 방문을 열고 나갈 때까지 〈피아노 협주곡 1번〉은 절대 성공할 수가 없는 곡이니 그 곡을 포기하거나 대대적으로 수정하라고 설득했기 때문입니다. 옛날의 순종적인 차이코프스키였다면, 그는 루빈스타인의 말에 흔들렸을 수도 있을 것입니다. 업계에서 위상이 높은 전문가가 강한 어조로 이 곡을 혹평했으니까요. 그러나 지금의 차이코프스키는 예전의 차이코프스키와는 다릅니다. 그는 가족, 친척의 반대를 무릅쓰고 음악가가 되기로 결심했을 때 그 누구보다도 자신의 꿈을 응원하겠다고 스스로 다짐했기 때문입니다.

그래서 차이코프스키는 루빈스타인의 평가를 듣고 이렇게 말했습니다. "친구, 조언은 고맙지만 나는 절대로 단 하나의 음정도 고치지 않고 이 곡을 대중에게 선보일 계획이라네. 누구의 생각이 맞는지는 한번 두고 보자고." [5]

자신의 꿈과 결심을 믿었던 차이코프스키는 이번이 마지막 기회라고 생각하며 〈피아노 협주곡 1번〉을 연주해줄 다른 사람을 찾고 있었습니다. 그리고 그는 1년이라는 기다림 끝에 독일 출신의 지휘자이자 피아니스트였던 한스 폰 뷜로를 찾아가 〈피아노 협주곡 1번〉을 들려주었습니다.

차이코프스키의 선택은 탁월했습니다. 한스 폰 뷜로는 루빈스타인과는 달리 〈피아노 협주곡 1번〉을 듣자마자 이런 극찬을 했기 때문입니다. "이 곡은 그동안 내가 들어본 피아노 협주곡과는 전혀 다른 매력을 갖고 있군요! 이 곡을 다음에 있을 미국 보스턴 연주회에서 초연하는 게 좋겠어요!" [6]

루빈스타인이 혹평만 하지 않았더라면 차이코프스키의 〈피아노 협주곡 1번〉은 미국 보스턴이 아닌 러시아에서 초연됐을 것입니다. 그러나 제 생각에 이 곡은 미국에서 초연된 게 나았던 것 같습니다. 〈피아노 협주곡 1번〉을 들은 미국인들은 차이코프스키라는 러시아 변방의 작곡가를 세계적인 작곡가로 추대했기 때문입니다.

알레그로 콘 스피리토

차이코프스키의 역사와 〈피아노 협주곡 1번〉의 탄생 과정은 어떻게 보면 우리의 삶과 크게 다르지 않습니다. 가끔은 그 누구도 나라는 사람과 나라는 사람이 가진 꿈을 응원해주지 않기 때문입니다. 그러나 〈피아노 협주곡 1번〉을 계기로 세계적인 작곡가라는 타이틀을 얻게 된 차이코프스키를 보며, 우리는 대기만성의 역사가 얼마나 멋지게 쓰일 수 있는지 알 수 있습니다.

누군가가 나를 믿어주고, 지지해주고, 기다려준다는 사실. 그 사실 하나만으로도 인간은 비록 오랜 시간이 길리더라도 자신의 꿈을 이룰 수 있습니다. 그러나 차이코프스키의 역사에서도 봤지만, 그 꿈을 응원하고 믿고 나아가는 데에 있어서 꼭 모든 사람이 나를 지지해주는 것은 아닙니다. 심지어 그게 내 가족이고 친구여도 말입니다.

아무리 가까운 가족과 친구여도 나라는 사람의 꿈을 온전히 믿어주지 않는 데에는 이유가 있습니다. 그들은 아직 나라는 사람의 진면목을 보지 못했기 때문입니다.

인간은 신이 아니기 때문에 눈에 보이지 않는 것은 믿지 않습니다. 그래서 증명되지 않은 꿈은 투자가 아니라 투기로 비치는 것입니다. 그뿐만이 아닙니다. 먹고사는 문제가 걸려있을 때는 꿈처럼 사치스러운 것도 없습니다. 그 꿈 때문에 누군가는 너무나 많은 것들을 희생해야 하기 때문입니다. 그럼에도 불구하고 저는 한 가지 사실을 말씀드리고 싶습니다. 그것은 그 누구도 당신의 역사를 대신 써주지 않는다는 것입니다.

아무리 가족과 친구가 곁에 있더라도 여러분의 삶은 여러분의 것입니다. 그들은 여러분의 꿈도 대신 꿔줄 수가 없습니다. 각 사람은 각자의 꿈을 이룰 수 있는 믿음 그리고 기다림의 용량을 다르게 갖고 태어나기 때문입니다.

꿈이 없다고 말하는 사람들도 있습니다. 충분히 그럴 수 있습니다. 그런데 저는 꿈이 없다고 말하는 사람들에게 늘 이 질문을 간접적으로 묻곤 합니다. "그 꿈은 표현하지 않아서 없는 것인가요, 아니면 아예 처음부터 없던 것인가요?"

만약에 이 질문을 듣고 자신이 전자에 해당한다고 생각하시는 분들은 이 사실 하나만 기억해주세요. 자신의 마음속에 조금이라도 작은 꿈이 있다면, 그 꿈은 이미 대기만성의 길로 나아가는 첫걸음과도 같다는 것을요.

언제나 시작이 반을 차지합니다. 남은 것은 당신도 할 수 있다는 것을 증명만 하면 되는 것입니다. 정말 슬프지만 세상은 당신의 능력이 입증되기 전까지 그 꿈을 쉽게 인정해주지 않을 것입니다. 이것이 잔인한 현실입니다. 그러나 저는 아닙니다. 꿈을 향한 당신의 진심만큼은 〈피아노 협주곡 1번〉의 첫 마디처럼 웅장한 음의 향연으로 가득하다는 것을 말입니다.

단 한 번뿐인 인생입니다. 그러니 꿈을 꾸며 자신이 하고 싶은 것을 하세요. 그리고 믿고, 기다리고, 그 누구보다 열렬히 응원해주세요. 그 대상이 자기 자신이든, 타인이든지 말입니다. 그 누구도 나를 믿어주고 기다려주는 사람이 없을 때는 차이코프스키처럼 자신을 믿고 끝까지 전진해 나가보세요. 그리고 그럴 때 나도 할 수 있다는 것을 세상에 보란 듯이 보여주세요. 남들이 땅을 치고 후회할 정도로요.

시간이 오래 걸릴 수도 있습니다. 중간에 실패하고 넘어질 수도 있습니다. 그래도 괜찮습니다. 다시 일어나면 됩니다. 그러니 자신의 꿈을 절대 포기하지 마세요. 믿고 끝까지 기다린다면 여러분의 꿈은 반드시 이루어질 것입니다. 그리고 그 꿈이 이루어질 때 여러분은 '알레그로 콘 스피리토'와 같이 '활기차고 생생한' 역사로 다시 태어날 것입니다.

살아갈 날이 남아있고 아직 이룰 것이 많은 당신의 역사를 기대하며, 당신의 꿈을 응원합니다.

．
．
．
．

꿈이 있는데
아무도 그 꿈을
응원해주지 않을 때는
당신이 그 꿈을 믿고
응원해주면 됩니다.

꿈을 이루고 싶은데 용기가 나지 않나요?
그럼 차이코프스키의 〈피아노 협주곡 1번〉을 들어보세요.

"사람이 운명을 만드는 것이 아니라, 운명이 시대에 필요한 사람을 세워서 또 다른 운명을 만들어 나가는 것입니다."

피델 카스트로 (1926~2016)

쿠바가
위기 속에서
찾아냈던 기회

Tiempos de oportunidades

고마워,
네 덕분에 난 더욱 강해졌어

.
.
.
.

기회 용량의 법칙

저의 경력에는 한 가지 특징이 있습니다. 그건 바로 제가 이때까지 관여한 모든 일들이 국가와 관련했던 일이라는 것입니다. 저는 어릴 때부터 사회적인 이슈와 국제적인 이슈에 관심이 많았습니다. 그래서 국가라는 키워드와 외교는 제 삶에 있어서 떼려야 뗄 수가 없었습니다.

그러나 제가 국가와 외교라는 테마를 다루며 절실히 깨달은 것이 있습니다. 그것은 바로 한 국가가 창출할 수 있는 기회의 용량은 그 국가가 자신을 어떻게 평가하는지에 따라서 달라진다는 것입니다. 저는 이 교훈을 몇몇 나라들로부터 배웠습니다. 그런데 그중에서도 가장 큰 교훈을 준 나라가 있습니다. 정열의 나라 쿠바입니다.

쿠바에 대해 언급하기에 앞서서 제가 여러분께 한 가지 흥미로운 사실을 말씀드리겠습니다. 저는 국가에도 흙수저, 금수저와 같은 수저론이 적용 가능하다고 봅니다. 국제 정치학에서는 미국과 같은 패권국을 표현할 때 헤게몬Hegemon이라는 단어를 씁니다. 이 단어는 고대 그리스어로 리더를 의미합니다. 패권국은 금수저를 넘어서 다이아몬드 수저를 갖고 있습니다. 그리고 강대국은 금수저를 갖고 있지요. 그러나 이 세상에는 강대국만 있는 것은 아닙니다. 그래서 국제 정치학에서는 강대국은 아니지만 그래도 어느 정도의 영향력을 발휘하는 국가를 표현할 때 중견국Middle Power이라는 단어를 씁니다.

제 기준에서 중견국은 은수저 정도를 갖고 있습니다. 중견국의 대표적인 예시로서 학자들은 캐나다, 호주, 그리고 한국을 많이 듭니다. 그런데 여러분, 아무리 학자들이 자신의 연구에서 이들을 중견국으로 표현한다고 하더라도 과연 이들도 직접적으로 "네, 우리는 중견국입니다"라고 말할까요? 놀랍지만 세 국기 모두 과거에는 그랬습니다. 그래서 예를 들어 2015년 정도까지만 해도 캐나다와 호주의 외무부 홈페이지에서는 Middle

Power라는 단어를 곳곳에서 찾아볼 수 있었습니다.

그렇다면 현재의 캐나다와 호주는 어떨까요? 지금의 두 정부
는 중견국이라는 단어 사용을 지양하고 있습니다. 대신에 각
국의 정부는 오히려 이런 표현을 활용하기 시작했습니다. 예를
들면 중견국을 넘어선 캐나다의 외교 Beyond the Middle Power:
Canada's Diplomacy [7] 그리고 중견국을 벗어난 21세기 호주의 전
략 No Longer a Middle Power: Australia's Strategy in the 21st Century
[8] 과 같은 표현 말입니다.

그럼 여기서 질문입니다. 캐나다와 호주 정부는 왜 이제 중견
국이라는 단어를 잘 쓰지 않으려는 것일까요? 두 나라는 각국
정부의 미래 비전을 담고 있는 외교, 국방백서와 외신과의 인터
뷰를 통해 이런 메시지를 넌지시 전합니다. "우리는 국제 사회의
지형을 핵심적으로 그려 나가는 중추국가 Pivotal State이자 역내
의 리더가 되고 싶지, 중견국으로 남고 싶지 않습니다." [9]

오! 자신감 있는 표현 아주 좋습니다! 국가의 역할은 국가뿐
아니라 국민의 역할에도 지대한 영향을 미치기 때문입니다. 그
런데 저는 캐나다와 호주의 사례를 보며 한 가지 놀라운 점을 발
견할 수 있었습니다. 그것은 캐나다와 호주 정부가 자신의 정체
성을 새롭게 확립하고 나니, 이제 더는 주요 외신도 이 두 국가

를 중견국으로 표현하지 않는다는 것입니다. 이는 즉 캐나다와 호주는 자신이 선포한 대로 중추국가로 인정받게 됐다는 것을 의미합니다.

대한민국도 2022년 5월을 기준으로 중견국이라는 타이틀을 버리고 '글로벌 중추국가'라는 타이틀을 새롭게 도입했습니다. 과거에 비하면 아주 큰 도약입니다. 그러나 저는 국민의 1인으로서 글로벌 중추국가(중추국)라는 표현도 살짝 아쉽습니다. 그리고 제가 이런 아쉬움을 토로하는 데에는 현실적인 이유가 있습니다. 그것은 바로 '기회 용량의 법칙' 때문입니다.

여러분께서는 어떻게 생각하실지 모르겠습니다. 그러나 적어도 저에게 있어서 중추국이라는 표현은 과거의 대한민국이 추구했던 중견국의 이미지와 크게 다르지 않습니다. 굳이 중추국과 중견국의 차이를 말해보자면, 중추국이라는 표현에는 중견국보다 조금 더 지정학적인 요소가 포함되어 있다는 것입니다.

저는 여러분을 위해서라도 다음의 사실을 말씀드리겠습니다. 여러분, 국가의 본질은 사람의 본질과 '전혀' 다르지 않습니다. 한 국가나 사람이 가질 수 있는 기회의 용량은 그 국가나 사람이 자신을 어떻게 평가하는지에 따라서 달라집니다. 예를 들어보겠습니다. 대한민국 정부에 의하면 대한민국은 중추국입니다. 그리고 우리 정부는 아주 오래전부터 우리 자신을 '한민국'인 The Republic of Korea로 명명했습니다. 저는 어린 시절 영어를 배울 때 이 이름을 보며 이런 생각을 했습니다. "우리는 동방예의지국이니까 겸손한 모습을 보이고 싶어서 Great(대, 大)을 뺀 건가?"

사실이 그렇습니다. 대한민국을 의미하는 진짜 올바른 영문 표기법은 The Great Republic of Korea여야 합니다. 그러나 제가 말씀드린 '국가의 본질이 사람의 본질과 다르지 않다'라는 논리를 대한민국에 대입해보자면 중추국과 The Republic of Korea는 다음의 뜻을 담고 있습니다. "대한민국은 중추국이니까 우리 국민도 딱 중추국 수준의 기회만 누릴 수 있겠네?"

이것이 제가 그동안의 경력을 통해 뼈저리게 느낀 기회 용량의 법칙입니다. 기회는 철저히 선포한 만큼 자신에게 돌아옵니다. 그런 점에서 저는 기회만큼 무서운 존재도 없다고 봅니다. 기회는 가치가 높게 평가된 존재에게만 다가오는 경향이 크기 때문입니다. 물론 예외 사항도 있습니다. 예를 들어 기회를 잡으려는 그 마음에 도가 지나친 교만함과 악한 의도가 있다면, 기회는 그냥 그 자리를 떠납니다.

기회는 안전 지향 주의자에게는 다가오지 않으려 합니다. 기회는 대단히 기회주의적이어서 자신이 담길 예쁜 그릇을 그 누구보다 적극적으로 고르기 때문입니다. 이것이 기회 용량 법칙의 기초적 원리입니다. 그리고 쿠바는 이 원리를 정확히 자신의 국정 운영에 활용하여, 쿠바를 흙수저 국가에서 동수저 국가로 발전시켰습니다. 더 좋은 기회를 통해 더 나은 삶을 추구하는 마음. 이것은 인간이 추구하는 최종적 목표 중 하나입니다. 그렇다면 우리는 어떻게 해야 더 좋은 기회를 얻고 더 나은 삶을 살 수 있을까요? 저는 이 질문에 대한 놀라운 지혜를 쿠바의 농업 개혁사에서 터득했습니다.

쿠바를 오래전부터 탐냈던 미국의 묘수

혹시 쿠바 샌드위치를 드셔 보신 적이 있으신가요? 저는 쿠바 샌드위치를 참 좋아하는데, 이 샌드위치에는 특이점이 하나 있습니다. 쿠바 샌드위치에는 상추나 양배추 같은 신선한 채소가 들어가지 않는다는 것입니다. 믿으실지 모르겠지만 쿠바인은 1993년이 넘어서야 양질의 채소를 섭취할 수 있었습니다. 참 아이러니하지요? 쿠바만큼 완벽한 농업 환경을 제공하는 곳도 없는데, 도대체 왜 쿠바인은 1993년이 지나서야 제대로 된 채소를 먹을 수 있게 된 것일까요? 이 질문에 대한 답을 찾기 위해서는 아주 놀랍게도 미국과 쿠바 간의 오랜 앙숙 관계를 속속히 들여다봐야 합니다.

쿠바를 포함한 대부분의 중남미 국가는 아주 오래전부터 스페인의 식민 통치를 받았습니다. 그러나 19세기 이후부터는 쿠바도 새로운 역사의 길을 걷게 됩니다. 미국이 그 길을 열었기 때문입니다. 19세기는 미국이 중남미 지역에서 대외 팽창주의에 눈을 뜨게 된 시기입니다. 그리고 미국이 이 시기에 중남미 지역으로 눈을 돌린 데에는 결정적인 이유가 있습니다. 바로 사탕수수 때문입니다.

세계사의 흐름을 볼 때 사탕수수의 역할은 매우 중요합니다. 사탕수수는 설탕의 원재료이기 때문입니다. 특히 1800년대에는 전 세계적으로 설탕의 수요가 급증했습니다. 그리고 이러한 설탕의 수요를 급증시켰던 주인공은 바로 빵에 발라 먹는 잼이었습니다. 잼Jam이라는 이름은 사실 프랑스어에서 따온 것인데, 프랑스어로 J'aime(잼)의 의미는 '내가 사랑하는'입니다. 그러니 한번 생각해보세요. 도대체 이 음식을 얼마나 사랑하길래

오죽하면 식품 이름을 '내가 사랑하는'으로 지었겠는지요? 이런 이름의 역사만 보더라도 과거에는 전 세계적으로 설탕의 수요가 매우 컸다는 것을 알 수 있습니다.

아마 경제에 관심이 많으신 분들은 벌써 수요라는 단어만 보고도 이런 생각을 하셨을 것 같습니다. "음, 과거에는 설탕의 수요가 어마어마했군. 그럼 공급량은 어땠지? 공급량이 수요를 따라잡지는 못했군. 오호! 그럼 제대로 된 공급망만 구축한다면 떼돈을 벌 수도 있겠네?" 네, 맞습니다. 수요는 많은데 공급량이 적을 경우, 당신은 제대로 된 공급망만 갖춘다면 엄청난 돈을 벌 수가 있습니다. 그리고 이런 생각을 토대로 공급망 구축 전략을 노렸던 국가가 있습니다. 미국입니다.

미국은 자신이 직접 대규모 설탕 산업을 일구어 떼돈을 벌려고 했습니다. 사실 미국은 자국 내에서도 이미 설탕 산업을 발전시키고 있었습니다. 그런데 이런 생각 해보셨는지요? 미국은 뭐든지 사이즈가 남다릅니다. 네, 미국의 전략은 조금 달랐습니다. 미국은 아예 국가를 하나 매입해서 그곳에서 대규모 설탕 산업을 실시하려고 했기 때문입니다. 이를 위해 미국은 1853년 중남미 지역에서 여러 후보군을 고르고 있었습니다. 그리고 여러 가지를 생각해봤을 때 가장 훌륭한 후보군이 있었습니다. 쿠바입니다.

쿠바를 매입하기 위해서는 쿠바를 식민지로 두고 있던 스페인과 협상을 할 수밖에 없었습니다. 당시의 미국은 실제로 쿠바를 매입하기 위해 스페인 정부에 이런 제안을 했습니다. "우리 미국은 스페인 왕국의 식민지 중 한 곳인 쿠바에 대단히 큰 관심이 있습니다. 우리가 1억 달러를 스페인 왕국에 지급할 테니, 스페인은 우리 미국에 쿠바를 양도하는 게 어떻겠습니까?" [10]

1달러를 1,200원이라는 환율로 가정했을 때 1억 달러는 우리 돈으로 1,200억 원이 됩니다. 그렇습니다. 과거 미국은 약 1,200억 원으로 쿠바를 매입하여 대규모 노예제도를 통해 사탕수수 산업을 발전시키려고 했습니다.

당시의 1,200억 원을 지금의 금액으로 환산한다면 이 금액은 약 5조 원이 됩니다. (1853년의 가치를 2023년의 가치로 변환시킨 값입니다.) 솔직히 강대국에게 5조는 돈도 아닙니다. 그러니 스페인은 이 금액을 매력적이라고 느끼지 않았겠지요. 그런데 액수보다 스페인이 더 분노했던 부분이 있습니다. 도대체 미국은 스페인을 어떻게 봤길래 이런 제안을 하느냐는 것이었습니다.

사실 당시의 스페인은 강대국이라는 타이틀을 간신히 유지하고 있었고, 이미 세계 정치에서 부와 권력을 잃어가고 있었습니다. 그래서 스페인으로서는 미국이 쿠바를 탐내고 있던 것을 알았을 때 크게 화를 낼 수밖에 없었습니다.

그런데 쿠바를 매입하려는 미국의 제안에 거부감을 나타냈던 세력에는 스페인뿐만이 아니라 미국의 국민들도 있었습니다. 많은 분들께서도 잘 아시겠지만, 미국은 1861년부터 1865년까지 남과 북으로 나뉜 남북전쟁을 치렀습니다. 이 전쟁이 일어난 핵심적 배경은 노예제도를 향한 미국인의 찬반 입장이었습니다. 미국은 남북전쟁이 일어나기 훨씬 전부터 노예제도를 찬성하는 쪽과 반대하는 쪽으로 나뉘고 있었습니다. 이 중에서도 미국의 북부 주민들은 노예제도 폐지의 입장을 들고 있었습니다. 그래서 이들은 쿠바를 매입하여 대규모 노예제도를 통해 사탕수수와 설탕 산업을 발전시키려고 했던 자국의 정부를 크게 비난했습니다.

비난의 열기는 미국 정부가 생각했던 것보다 훨씬 뜨거웠습니다. 미국은 이 열기를 잠재우기 위해서라도 쿠바 매입을 잠정 중단할 수밖에 없었습니다. 대신에 미국은 이 기회를 통해 오히려 새로운 대안을 생각했습니다. 바로 이런 논리를 통해서 말입니다. "그래, 이렇게 보면 쿠바를 매입하는 것보다 우리가 그냥 스페인과 전쟁을 해서 쿠바를 얻는 게 더 이득일 수도 있겠어. 그럼 농업뿐 아니라 정치, 경제, 외교, 군사 모두를 손에 넣을 수 있잖아?"

이 논리를 토대로 미국은 전쟁을 통해 쿠바에서 더 많은 기회를 얻으려 했습니다. 되려면 뭘 해도 된다는 말이 여기서 나오는가 봅니다. 이런 논리를 오랫동안 생각하고 있던 와중 미국에게 전쟁의 명분이 생겼기 때문입니다. 당시의 미국은 쿠바 내 미국인의 안전을 책임지기 위해 미 해군 소속의 메인Maine 함을 파견한 상태였습니다. 메인 함은 아바나 항에 정박하고 있었습니다. 그러나 이 함선은 원인 모를 폭발로 아바나 항 부근에서 침몰했습니다. 미국은 이 명분을 토대로 1898년에 스페인을 상대로 전쟁을 치렀습니다. 승자는 누구일까요? 네, 미국입니다. 그리고 미국은 전쟁에서 승리한 대가로 스페인으로부터 쿠바를 얻었습니다. (이때 미국은 푸에르토리코, 필리핀, 괌도 얻었습니다.)

플래트 수정안을 지키려는 자와 없애려는 자

쿠바가 미국의 손에 넘어갔으니 미 군정은 쿠바를 3년 동안 통치하다가 1902년에 독립 국가로 승인해줬습니다. 여기까지만 보면 쿠바가 더 이상 식민지가 아닌 것은 맞습니다. 그런데 여기서 한 가지 의문이 듭니다. 쿠바는 정말로 완벽히 독립한 것이 맞을까요? 글쎄요. 한번 이렇게 생각해보지요. 앞서 보신 것처럼 미국은 쿠바를 아예 매입하려고 했습니다. 그런데 그랬던 미국이 이제는 돈이 아니고 전쟁을 통해서 쿠바를 얻게 되지 않았나요? 리스크 측면에서만 보자면 미국이 스페인에게 돈을 주고 쿠바를 사는 것이 훨씬 더 안전한 투자법인 것은 맞습니다. 이 방법은 적어도 전쟁은 피할 수 있는 방법이기 때문입니다. 그러나 미국은 어떻게 했죠? 미국은 전쟁을 통해서 스페인을 무찌르고 쿠바를 얻었습니다.

미국이 이러한 선택을 할 수 있었던 데에는 이유가 있습니다. 미국은 자신이 스페인보다 더 힘이 세고, 그 힘으로 스페인을 물리칠 수 있다는 믿음이 있었기 때문입니다. 전쟁은 잔인합니다. 그러나 더 잔인한 것이 있습니다. 제가 아는 기회는 선과 악을 크게 가리지 않는다는 것입니다. 이것이 기회가 가진 두 얼굴입니다. 제가 경험한 힘의 정치에서는 자신이 얻을 이익과 명분이 분명하지 않으면 절대 그 일에 뛰어드는 법이 없습니다. 그런 의미에서 이 부분을 다시 한번 다음의 질문에 연결해서 설명해보겠습니다. 이익이 첨예하게 대립하는 국제 정치에서 미국은 과연 공짜로 쿠바의 독립을 승인해주었을까요?

아니요, 미국은 쿠바의 독립을 그냥 승인해주지 않았습니다. 미국은 법을 제정함으로써 쿠바를 상대로 아주 큰 이득을 챙기려 했습니다. 그리고 미국이 추구했던 이익을 대표적으로 보여주는 예시가 있습니다. 그것은 바로 미국의 플래트 수정안Platt Amendment입니다.

플래트 수정안은 1901년 미국의 의회를 통과했던 아주 중요한 법안 중 하나입니다. 이 법은 쿠바를 상대로 미국의 권리를 보호해주는 조항들로 이루어져 있습니다. 이 법을 잘 보면, 미국은 쿠바가 독립을 해도 쿠바의 내정에 간섭할 수 있는 권리를 가질 수 있습니다. 즉, 미국의 대(對)쿠바 내정간섭권이 보장됐다는 것입니다.

이뿐만이 아닙니다. 플래트 수정안은 미국이 쿠바의 국가 채무 규모와 조약 체결권도 제한할 수 있도록 재정권과 외교권도 허용했습니다. 이는 즉 미국이 쿠바의 정치뿐 아니라 경제와 외교도 장악할 수 있었다는 것을 의미합니다. 자, 이제 왜 제가 미국은 전쟁을 통한 기회에 초점을 두었다고 말했는지 공감이 가시는지요?

미국이 만약에 돈으로 쿠바를 매입했다면, 미국은 이렇게까지 많은 권리와 이득을 보장받을 수 없었을 것입니다. 왜일까요? 미국이 아무리 쿠바 매입을 협상한다고 해도 스페인이 쿠바 내 농업개발권만 허용하고 나머지 권리에 추가 조건 혹은 금액을 제시했다면, 미국은 농업개발권 하나만 가질 수 있었기 때문입니다.

그러나 미국은 플래트 수정안을 통해서 농업개발권, 내정간섭권, 재정권, 외교권 등등을 갖게 됐습니다. 권리를 보호하기 위해서는 방패가 필요합니다. 과연 무엇이 방패가 될 수 있을까요? 어느 나라든지 최고의 방패는 국방입니다. 그래서 미국은 쿠바 내에서 미국의 권리를 보호하기 위해 플래트 수정안에 다음의 내용을 포함했습니다. "미국은 쿠바의 관타나모 만에 해군 기지를 세우고 쿠바는 미국이 관타나모 만을 영구 임대할 수 있도록 허락한다."[11]

와… 이건 솔직히 나라를 하나 갖고 싶다는 메시지와 비슷합니다. 그런데 남들 눈치가 보이니, 미국은 플래트 수정안이라는 법을 이용해서 자신이 원하는 것을 손에 쥐었던 것입니다. 여러분께서 한번 미국의 입장이 되었다고 생각해보세요. 여러분께서는 전쟁을 통해서 쿠바를 얻으셨고, 이제 여러분은 쿠바를 여러분의 영향력 아래 두려고 합니다. 그래서 의회에서는 플래트 수정안도 통과됐고 이제 여러분은 거의 모든 권리를 갖고 있는 것과 마찬가지입니다. 그런데 여러분, 시간은 돈입니다. 안 그래도 바쁜데 이 모든 일을 혼자서 처리할 수는 없는 것입니다. 그럼 이럴 때는 어떻게 해야 하지요? 네, 남을 시키면 됩니다. 예를 들면 친미 성향의 정치인을 통해서 말이지요.

미국이 원했던 것처럼 쿠바는 1902년 대표적인 친미파 정치인이자 초대 대통령으로서 토마스 에스트라다 팔마를 선출했습니다. 팔마 대통령은 미국의 요구에 따라 쿠바 헌법에 플래트 수정안을 넣었습니다. 그런데 흥미롭게도 플래트 수정안은 생각했던 것보다 그리 오랫동안 유지되지 못했습니다. 미국이 1934년 선량한 이웃 정책Good Neighbor Policy을 실시한다는 명목하에 해당 법안을 폐기했기 때문입니다.

사실 플래트 수정안이 폐기되면서 몇몇 사람들은 쿠바 내에서 미국의 영향력이 축소될 것이라고 기대했습니다. 그러나 미국의 영향력은 축소되지 않았습니다. 친미 성향의 쿠바 정부가 이를 용납하지 않았기 때문입니다.

쿠바에서는 1959년 혁명이 성공하기 전까지 정권 대부분을 친미주의 성향의 정부가 이끌었습니다. 이 부분이 시사하는 바가 있습니다. 친미 성향의 쿠바 정부가 굳이 국정 운영 방식을 바꿔가면서 자신들의 이익 체계를 무너뜨릴 리가 없었다는 것입니다. 그러므로 쿠바에서는 플래트 수정안이 폐기됐음에도 불구하고 사회의 곳곳에서 심각한 정치 부패와 경제적 빈부 격차 문제가 만연했던 것입니다. 그리고 피델 카스트로와 체 게바라와 같은 혁명가들은 이 문제를 해결하기 위해 혁명을 일으켰던 것이고요.

쿠바의 제1차 토지개혁과 미국의 보복

'항상 승리를 향해Hasta La Victoria Siempre'는 피델 카스트로, 체 게바라, 그리고 쿠바 혁명 운동가들의 정치 이념을 가장 잘 설명해주는 구호입니다. 이 이유로 많은 사람들은 카스트로가 집권 초기부터 아주 강력한 사회주의와 공산주의의 노선을 탔다고 주장합니다. 그러나 막상 집권 초기의 카스트로 정부를 보면, 이들은 사회주의, 공산주의라는 이념보다 친미주의 쿠바 정부의 부정부패 문제를 해결하는 데에 더 큰 관심을 보였던 걸 알수 있습니다.

그런 의미에서 혁명이 일어나기 전의 쿠바를 잠깐 살펴보겠습니다. 당시의 쿠바에서는 미국과 외국계 기업 그리고 몇몇 친미파 대지주들만이 경작지를 소유하고 있었습니다. 이는 즉 오직 이들만 부를 거머쥘 수 있었다는 것을 의미합니다.

쿠바는 이러한 독점적 수익 확보 체계 때문에 극심한 빈부 격차에 시달릴 수밖에 없었습니다. 그렇기에 카스트로가 1959년 혁명을 성공시킨 이후 쿠바의 부정부패와 빈부 격차 문제를 해결하기 위해 즉각 실시했던 정책이 있습니다. 그것은 바로 외국 자산 국유화와 제1차 토지개혁입니다.

외국 자산 국유화는 말 그대로 쿠바 국적이 아닌 모든 외국계 기업과 자산을 쿠바 정부의 소유권으로 이전한다는 것을 뜻합니다. 그러나 사실 외국 자산의 국유화보다 쿠바 경제에 더 큰 영향을 끼쳤던 것이 있습니다. 카스트로가 실시했던 제1차 토지개혁입니다.

당시 쿠바에 있는 경작지의 약 85%는 모두 미국 소유의 땅이었습니다. [12] 그리고 미국이 소유하고 있던 땅은 사탕수수 재배와 같은 대규모 단일 경작을 위해 활용됐습니다. 그렇다면 카스트로는 제1차 토지개혁 때 무엇을 가장 중시했을까요? 카스트로가 중시했던 토지개혁의 방향은 쿠바 내에서 미국의 영향력을 축소하는 것이었습니다. 그래서 카스트로는 혁명을 성공시켰던 1959년 전체 경작지 중 약 44%의 땅을 국가의 소유권으로 이전했고, 나머지 56%의 땅은 민영에 맡기어 쿠바의 농업을 개혁했습니다. [13]

그럼 여기서 질문입니다. 카스트로의 외국 자산 국유화 정책과 제1차 토지개혁으로 가장 큰 손해를 입게 된 게 누구일까요? 네, 미국입니다. 그런데 말이죠… 미국이 그동안 어떻게 해서 쌓아온 자산인데 이 자산이 한순간에 몰수되어버리니 얼마나 화가 났겠는지요? 네, 화가 나니까 미국은 극단적인 방법들을 동원해 카스트로 정부를 전복하려고 했습니다.

미국은 총 세 가지 방법을 동원했는데 이 중에서도 가장 실행에 옮기기 쉬웠던 방법은 국교 단절이었습니다. 단절은 말 그대로 미국이 그냥 쿠바와의 관계를 끊으면 되는 것이기 때문에 이 정도는 누구나 이해할 수 있는 수준의 보복이었습니다. 그리고 국교 단절보다 한 단계 위의 보복이 있었는데, 그건 바로 미국의 대쿠바 경제 제재였습니다. 미국은 카스트로가 미국 소유의 자산을 국영화하려고 하자 쿠바 내 모든 미국의 자산을 동결했습니다. 그런데 미국은 심지어 자산 동결도 모자라 무역을 금지하는 초강력 경제 봉쇄령을 내리기도 했습니다.

사실 이 정도 보복은 쿠바 국민의 삶에 큰 영향을 줄 수 있는 보복인지라 보복의 수준만 놓고 봤을 때는 아주 강력한 제재임은 분명합니다. 그러나 이제부터는 진짜 상상을 초월하는 엄청난 방법이 동원되는데, 그것은 바로 1961년에 일어난 피그 만 침공입니다.

침공은 다른 나라의 주권을 침해하는 군사적 행위인지라 국제 사회는 침공을 전쟁의 행위로 간주합니다. 그런데 한번 이 방법을 활용해보면 어떨까요? 내가 직접 침공하지 않고 남을 시켜서 침공하는 방법 말이지요. 오호! 머리만 잘 굴린다면 이 방법은 책임을 회피하기에 딱 좋은 방법입니다! 그래서 실제로 미국의 CIA와 국무부 그리고 국방부는 쿠바인을 동원해 쿠바를 공격하는 전술을 써서 피그 만 침공을 준비했습니다.

당시의 미국은 쿠바를 상대로 딱 한 가지 목표를 가지고 있었습니다. 그것은 피델 카스트로의 혁명 정부를 붕괴시키는 것이었습니다. 그런데 미국에게는 문제가 있었습니다. 눈치를 볼 곳이 너무 많았다는 것이지요. 아시다시피 미국은 제2차 세계대전의 승전국이 됐고 냉전에서도 민주주의 진영의 왕이 됐습니다. 국제 사회의 시선은 미국으로 쏠릴 수밖에 없었습니다. 미국은 더더욱 자신의 행보에 조심할 수밖에 없었습니다. 그런데 그

때 친미에 앞장섰던 쿠바의 극우세력들이 미국으로 망명을 왔네요? 미국으로서는 이 얼마나 절호의 기회였겠는지요? 그리하여 미국은 1961년 4월 15일 약 1,500여 명에 달하는 쿠바인 망명자들을 동원하여 쿠바의 피그 만을 침공했습니다.

미국의 예상과는 다르게 피그 만 침공은 카스트로 정부군에 의해 사흘 만에 종식됐습니다. 미국은 이 사건을 계기로 욕이란 욕은 다 먹었습니다. 국제 사회의 눈에는 쿠바인을 동원해 쿠바를 침공한다는 생각 자체가 치졸했기 때문입니다.

이 부분에서 잠깐 기회 용량의 법칙을 다시 한번 짚어 보도록 하겠습니다. 여러분, 제가 말씀드렸던 기회 용량 법칙의 기초 원리를 기억하시는지요? 기회는 가치가 높은 존재에게 매력을 느낀다는 사실 말이에요. 지금의 이 상황을 철저히 기회의 시각에서만 본다면, 미국은 기회를 누릴 수도 없고 누려서도 안 됩니다. 기회가 아무리 선과 악을 가리지 않는다고는 하지만, 기회는 기회를 활용하려는 자가 자신보다 더더욱 악하다고 느낄 때 기회를 곧바로 위기로 전환하는 묘한 능력을 갖추고 있기 때문입니다. 그래서 기회는 선과 악을 넘나드는 두 얼굴을 가진 것이고, 기회가 떠난 자리에는 죄와 벌이 남게 되는 것입니다.

기회가 위기로 변했는데도 미국은 자신이 피그 만 침공을 계확하지 않았다는 것을 증명하는 데에 급급했습니다. 이들의 시각에서는 국제 사회의 비난이야말로 미국의 명예를 실추시키는 위기라고 판단했기 때문입니다. 그러나 저는 이것이야말로 미국의 실수였다고 판단합니다. 미국이 예민하게 반응해야 했던 진짜 위기는 피그 만 침공을 계기로 더더욱 견고해진 피델 카스트로의 사회주의 그리고 공산주의 사상이기 때문입니다.

1959년에만 하더라도 쿠바는 제대로 된 사회주의와 공산주의 시스템을 구축하고 있지 않았습니다. 그것을 증명해주는 것이 바로 제1차 토지개혁입니다. 기억하시는지요? 제1차 토지개혁을 시행할 때만 해도 쿠바가 보유하고 있던 국가 소유의 땅은 44%였고 민간 소유의 땅은 56%였습니다. 이는 그만큼 카스트로가 민간 부문 개발을 통한 국가 발전의 가능성을 두고 있었다는 것을 의미합니다. 그러나 미국의 도를 넘어선 보복 때문에 카스트로는 더욱 견고해진 사회주의와 공산주의 사상을 갖게 됐습니다. 그리고 그는 1962년에 일어났던 그 유명한 쿠바 미사일 위기 사건을 계기로 더더욱 강력한 사회주의와 공산주의의 노선을 추구하게 됐던 것입니다.

소련과 손잡은 쿠바와 제2차 토지개혁

카스트로는 그의 사회주의 정책에 큰 힘을 싣고자 미국의 경쟁 자였던 소련과 손을 잡기로 결정했습니다. 그리고 소련과 손을 잡은 쿠바가 가장 먼저 시행했던 것은 소련의 경제와 농업 모델을 쿠바의 모델로 삼는 것이었습니다. 쿠바가 소련식 성장 모델을 도입했다는 것을 입증해주는 대표적인 예가 있습니다. 쿠바의 제2차 토지개혁입니다.

쿠바의 제2차 토지개혁은 진정한 공산주의를 실현한다는 것에 핵심을 두고 있었습니다. 그리고 이 핵심에는 국가 소유의 농지를 확산한다는 큰 의의가 담겨 있습니다. 쿠바는 제2차 토지개혁을 시행했던 1963년부터 1990년까지 무려 82%에 달하는 땅을 모두 국영으로 전환했습니다. [14] 그러나 이러한 제2차 토지개혁에는 맹점이 있었습니다. 그것은 바로 대규모 단일 경작(플랜테이션)의 병폐입니다.

대규모 단일 경작? 왜 대규모 단일 경작을 해야 하지요? 자, 잘 생각해보세요. 미국이 쿠바에서 뭘 얻고 싶었죠? 네, 설탕입니다. 국제 정치가 이래서 재밌습니다. 이 학문을 공부하면 국석이 달라도 입맛은 거기서 거기라는 것을 배울 수 있거든요. 이는 무엇을 의미할까요? 소련도 미국처럼 설탕을 원했다는 것을 의미합니다. 쿠바가 소련같이 큰 나라에 설탕을 수출하기 위해서는 대규모 단일 경작법을 활용할 수밖에 없었습니다. 그런데 이 농법에는 아주 큰 문제점이 있었습니다. 이 농법은 다른 농법보다 훨씬 더 많은 농약과 화학비료가 필요하다는 것입니다.

단일 경작은 말 그대로 '한 가지의 작물만 재배한다'라는 의미를 담고 있습니다. 그런데 상식적으로 아무리 땅이 비옥하더라도 그 땅에 한 가지의 작물만 재배하게 된다면 이에 따르는 단점이 생깁니다. 해당 작물을 좋아하는 벌레가 엄청나게 몰린다는 것입니다. 예를 들어 장수풍뎅이와 사슴벌레의 주된 먹이는 사탕수수입니다. 그런데 이 벌레들이 사탕수수를 갉아 먹으면 농부들은 사탕수수를 설탕으로 가공할 수가 없습니다. 이미 상품의 질이 떨어져서 사탕수수 자체를 사용할 수 없기 때문입니다. 그래서 이를 해결할 수 있는 유일한 방법이 있습니다. 더 많은 그리고 더 강력한 살충제와 화학비료를 쓰는 것입니다.

쿠바도 이런 단점을 알고 있었습니다. 그러나 목구멍이 포도청이었던 쿠바는 선택권이 없었습니다. 쿠바는 농약과 화학비료를 들이부어서라도 소련에 설탕을 수출해서 석유, 돈, 식자재를 지원받아야 했기 때문입니다.

괜찮은 거래인 것처럼 보이지만, 사실 이 거래는 그리 오래 가지 못했습니다. 소련이 1991년에 붕괴했기 때문입니다. 이 때문에 쿠바는 공산주의 진영이 붕괴하면서 자신의 앞날을 고민할 수밖에 없었습니다. 그런데 여러분, 그것 아시는지요? 앞날을 고민한다는 것은 기회를 기다리기만 하는 사람들이 겪는 함정이라는 것을요.

쿠바가 소련과 손을 잡았던 이유는 하나입니다. 소련만이 전 세계에서 유일하게 미국을 대적할 수 있는 경쟁자라고 판단했기 때문입니다. 그래서 쿠바는 소련이라는 버팀목을 믿고 국가를 발전시킬만한 대책도 제대로 마련하고 있지 않았습니다. 어차피 큰 문제는 금수저 소련이 알아서 해결해줄 것 같다는 생각이 있었기 때문입니다. 그러나 쿠바의 이러한 안일한 자세는 위기를 대처하는 과정에서 매우 큰 장애물로 작용했습니다. 쿠바는 자신의 미래를 자기 손이 아닌 남의 손에 맡겼기 때문입니다.

쿠바는 하는 수 없이 두 가지의 선택지 중 하나를 고를 수밖에 없었습니다. 첫 번째 선택지는 쿠바도 다른 공산주의 국가들처럼 민주주의로 전향하는 것이었고, 두 번째 선택지는 사회주의를 유지하면서 새로운 혁신의 길을 찾는 것이었습니다. 이 두 가지의 선택지 중 쿠바는 어떤 길을 선택했을까요? 놀랍게도 쿠바는 이가 없으면 잇몸으로 먹자는 마음으로 쿠바만의 혁신을 선택했습니다.

더 커진 미국의 보복

소련이 붕괴하고 전 세계적으로 공산주의 진영이 무너지면서 쿠바는 이제 더 이상 기초적인 생필품, 식품, 석유, 농기계, 살충제, 화학비료도 지원받을 수 없게 됐습니다. 그리고 이에 따라 쿠바에서는 심각한 문제가 발생했었으니 그것은 바로 식량난이었습니다. 냉전 때 쿠바가 소련으로부터 수입했던 대표적인 식품은 밀가루, 콩, 쌀이었습니다. 그런데 이제 이런 주식들이 없어졌으니 쿠바 국민은 극심한 식량 부족을 겪을 수밖에 없었습니다.

이 문제를 해결하기 위해 몇몇 쿠바 국민은 보트를 타고 미국으로 망명을 떠났습니다. 아… 미국… 그래요. 우리가 잠시 미국을 잊고 있었습니다. 그런데 여러분, 지금 이 타이밍 너무 절묘하다고 생각지 않으시나요? 사실 미국은 이 타이밍을 너무나 기다리고 있었습니다! 왜일까요? 미국은 그동안 그렇게 염원했던 카스트로 정부를 축출할 수 있게 됐기 때문입니다.

미국은 이 기회를 놓치지 않기 위해 한 가지 전략을 세웠습니다. 다시 법의 힘을 활용하는 것이었습니다. 미국은 예전에도 쿠바를 조종하려고 플래트 수정안이라는 법안을 통과시켰습니다. 미국은 법이라는 막강한 힘을 활용하고자 새로운 법안을 발의했습니다. 그 법은 바로 1992년 미국 의회를 통과한 쿠바 민주화법Cuban Democracy Act입니다.

짧게 설명하자면, 쿠바 민주화법의 요지는 다음과 같습니다. 쿠바가 민주주의를 이행하지 않고 인권을 보장하지 않는 이상, 미국은 쿠바에 대한 제재를 풀지 않겠다는 것입니다. 이 법안은 고급스러운 영어 단어들이 즐비합니다. 그러나 여러분, 쿠바 민주화법 같은 제재 관련 법안은 절대로 순진하게 1차원적으로만 해석하시면 안 됩니다. 그런 의미에서 법안을 간단하게 살펴보겠습니다. 이 법안에는 민주주의라는 단어가 자주 등장하는데, 이 단어를 넣은 이유는 누구나 쉽게 파악할 수 있습니다. 피델 카스트로가 사라지고 사회주의가 없어져야만, 미국은 민주주의가 완벽히 승리했다는 것을 공표할 수 있기 때문입니다.

그런데 인권 보장이라는 단어. 이 단어는 왜 넣은 걸까요? 일반적으로 생각했을 때 독재 정지에서는 인권 유린이 만연합니다. 그래서 인권이 법적으로 보호되는 사회라면, 우리는 그 사회를 적어도 안전한 사회라고 인식하기는 합니다.

여기까지는 1차원적인 해석입니다. 그럼 이번에는 고차원적으로 생각해보겠습니다. 왜 미국은 쿠바 민주화법에 인권 보장이라는 단어를 넣었을까요? 법률가마다 해석이 다를 수도 있지만, 인권이라는 단어에는 행복추구권 같은 권리뿐만이 아니라 경제권, 참정권, 의사결정권, 발언권 등등의 모든 권리가 포함되어 있습니다. 말 그대로 인간이 누릴 수 있는 권리가 인권Human Rights이니까요.

그런 점에서 우리는 쿠바가 미국을 상대로 뭘 했는지 다시 한번 생각해봐야 합니다. 예전에 카스트로가 1959년 혁명을 성공시킨 뒤 어떤 정책부터 시행했죠? 네, 카스트로는 미국 기업과 미국인의 자산을 몰수했습니다. 벌써 미국은 몰수라는 단어만 봐도 빨간불이 켜진 것입니다. 이는 즉 이번에도 미국이 쿠바의 일에 개입했을 때 미국인의 인권이 침해된다면, 쿠바 정부가 미국의 자산을 또다시 몰수할 수도 있다는 것을 의미합니다. 그렇기에 미국은 '권리'라는 단어에 목숨을 걸었던 것입니다.

사실 미국의 이러한 전략은 정말 똑똑한 전략입니다. 미국은 항상 이런 식으로 패권을 잡았기 때문이지요. 그런데 웬걸요? 쿠바는 미국보다 훨씬 더 혁신적인 아이디어를 찾아냈습니다.

그래서 이번에는 기회의 여신도 미국보다는 쿠바의 손을 들어 줬던 것 같습니다. 쿠바는 아이디어 자체도 혁신적이었지만, 미국의 제재라는 위기 속에서 남들이 생각하지 못했던 기회를 모색했기 때문입니다.

새로운 기회와 혁신, 제3차 토지개혁과 오가노포니코

피델 카스트로는 1991년 전 국민 앞에서 특별시기Período Especial라고 하는 국가비상사태 기간을 선포했습니다. 그는 특별시기를 선포하며 새로운 쿠바의 정체성과 국가 미래 전략을 발표했습니다. 새로운 미래 전략을 수립하기 위해 카스트로가 가장 먼저 시행했던 것이 있습니다. 그것은 바로 야마미엔또 Llamamiento 라고 하는 대국민 토론회였습니다.

이 토론회는 쿠바 공산당 중앙위원회가 주최하는 대국민 토론회인데, 야마미엔또는 스페인어로 호소를 의미합니다. 저는 예전에 토론회의 이름을 보며 이런 생각을 했습니다. "노대체 얼마나 중대한 대국민 토론이길래 토론회의 이름이 호소일까?"

저는 야마미엔또가 다룬 질문을 보며 이 토론회가 왜 호소라는 이름을 갖게 됐는지 알게 됐습니다. 이 토론회의 질문은 다음과 같았기 때문입니다. "쿠바는 계속 사회주의를 유지해야 하는가?" 사회주의 국가에서 이런 질문을 한다는 것은 정말 놀라운 일입니다. 그런데 이 질문을 토대로 토론을 하자고 주장했던 사람이 있습니다. 피델 카스트로입니다.

놀랍지만 카스트로가 존재할 수 있는 원동력은 첫째도 사회주의, 둘째도 사회주의입니다. 그런데 자신의 위치를 위협할 수도 있는 이 질문을 1년 7개월 동안 국민들에게 물어왔다는 사실. 여러분께서는 이 사실을 어떻게 생각하시는지요? 저는 이 사실을 보며 이 생각밖에는 들지 않았습니다. "아, 이렇게까지 하는데 쿠바에게는 기회가 올 수밖에 없겠구나."

이 질문에 대해 대다수의 쿠바 국민은 이런 반응을 보였습니다. "기존의 방식으로는 절대 문제를 해결할 수 없습니다. 우리도 이제는 자본주의 시스템을 들여야 합니다. 사회주의를 유지하면서 자본주의를 활용하는 방안이 어떨까요? 레솔베르 Resolver 하자고요!" 15) 스페인어로 레솔베르를 직역하자면, 이 단어의 의미는 '해결한다'입니다. 그런데 쿠바 국민이 의미하는 레솔베르에는 다음의 뜻도 있습니다. 그것은 이가 없으면 잇몸으로 먹자는 뜻입니다.

　쿠바 국민의 레솔베르 정신을 받들어 카스트로는 실제로 사회주의를 유지하되 경제와 농업 분야에서 개혁을 시행했습니다. 여러 정책의 개혁이 있었지만, 카스트로가 가장 공들였던 정책은 제3차 토지개혁이었습니다. 제3차 토지개혁은 토지의 사용권을 국민에게 양도하는 데에 초점을 두고 있었습니다. 그리고 제3차 토지개혁은 기존의 토지개혁들과는 달리 대규모 단일 경작을 버리고 협동조합 중심의 소규모 혼합 경작을 지향했다는 특이점을 갖고 있습니다. 그렇다면 왜 쿠바는 대규모 단일 경작에서 협동조합 중심의 소규모 혼합 경작으로 전략을 바꿨던 것일까요? 그 이유는 바로 미국의 제재에 있습니다.

　사실 외교나 협상을 하시는 분들은 이것이 무엇을 뜻하는지 바로 눈치채셨을 것입니다. 미국이 어떤 나라를 상대로 제재를 가하겠다는 것은 미국의 우방국도 그 나라를 상대로 제재에 동참할 것을 요구하는 것과 같습니다. 이 말은 즉 쿠바가 세계 시장에서 더더욱 고립될 수밖에 없었다는 것을 의미합니다. 그러나 카스트로는 오히려 이러한 위기를 새로운 기회의 탄생으로 봤습니다. 바로 이렇게 말이시요.

　"그래. 이렇게 된 이상 우리도 아예 자급자족으로 모든 작물을 유기농법으로 재배해보자. 그런데 생산량을 늘리려면 농촌 뿐 아니라 도시에서도 농사를 지어야 할 것 같은데⋯ 아! 내가 왜 이 생각을 못 했지? 땅이 없으면 폐타이어나 빈 깡통을 써서 라도 흙이 있는 곳에는 무조건 씨를 뿌려보자! 그럼 우리 국민 도 직접 키운 채소를 먹으면서 다시 건강해질 수 있을 거야!"

별것 아닌 것 같지만 이것이 그 유명한 100% 친환경 유기농 도시 농법인 오가노포니코Organopónico입니다. 오가노포니코 는 스페인어로 유기농이라는 Organo와 그리스어로 노동이라 는 Ponein을 합쳐서 만든 단어입니다. 오가노포니코는 도시에 서 흔하게 볼 수 있는 폐타이어나 빈 깡통과 같은 공간에도 씨를 뿌려서 친환경적으로 농사를 짓는다는 개념을 바탕으로 두고 있습니다.

누군가는 이 농법이 혁신적이지 않다고 생각할 수도 있습니 다. 그러나 놀랍게도 이 농법은 현재 유엔 세계식량농업기구를 비롯해 전 세계의 모든 선진국이 앞다투어 도입하고 있는 쿠바 의 최신 농법입니다. 오가노포니코는 도시와 같은 협소한 공간 에서도 혼합 경작을 통해 병충해 문제를 해결하고 건강을 증진 한다는 강점을 갖고 있습니다. 예를 한번 들어보겠습니다. 저의 집 앞에는 장롱이 하나 버려져 있습니다. 제가 이 장롱을 뒤집어서 흙을 채우면 이것은 하나의 작은 농장이 됩니다. 저는 이곳에 배추를 심을 것입니다. 그러나 저는 배추를 심을 때 메리골드라는 꽃도 같이 심을 것입니다. 배추를 주된 먹이로 삼는 달팽이는 메리골드 향을 싫어해서 배추 근처에도 오지 않기 때문입니다. 그리고 저는 오가노포니코로 키운 유기농 배추를 먹고 건강해질 것입니다. 물론 살충제와 화학비료를 쓰지 않은 건강한 흙도 저에게 더 좋은 유기농 채소를 제공할 것이고요.

이 예시가 바로 실제 쿠바 국민이 1990년대 초반부터 활용했던 오가노포니코 농법입니다. 쿠바인은 매번 미국과 소련 같은 강대국에 설탕을 수출해야 했기 때문에 쿠바의 땅을 사탕수수밭으로밖에 쓰지 못했습니다. 그래서 쿠바 국민은 그동안에 채소를 잘 먹지 못했던 것입니다. 그러나 쿠바는 오가노포니코라는 새로운 농법을 계기로 친환경 농업뿐만이 아니라 건강 증진이라는 새로운 목표도 달성할 수 있었습니다. 전 세계는 이 농법을 적극 활용하고 있습니다. 그래서 어떻게 보면, 쿠바는 미국의 초강력 제재 덕분에 오히려 새로운 기회를 발견할 수 있었습니다. 오가노포니코라는 지속 가능한 농법을 통해서 말입니다.

고마워,
모두 다 네 덕분이야

혹시 이번 장을 읽으시면서 "아니, 기회 하나 이야기하는데 뭐 그리 긴 역사를 알아야 해?"라는 생각이 들지는 않으셨는지요? 네, 맞습니다. 저는 민주주의 수호자임에도 불구하고 이번 장에서 사회주의 국가인 쿠바의 현대사 그리고 쿠바와 미국 간의 관계를 보여드렸습니다.

그런데 여러분, 잘 생각해보세요. 왜 제가 굳이 이렇게까지 세세하게 기회 하나를 이야기하려고 우리가 평소에는 관심도 없는 외교, 안보, 정치, 제재, 토지에 대해서 말했을까요? 그만큼 기회라는 것은 가만히 있으면 생각보다 쉽게 오지 않는다는 것을 노골적으로 보여드리기 위해서였습니다. 그리고 저는 그 과정에서 각국이 어느 타이밍에 어떤 심리적 요인을 통해 전략적으로 기회를 포착했는지 보여드렸던 것입니다. 왜냐고요? 결국 국가의 본질과 한 사람이 살아가는 인생의 본질은 전혀 다르지 않기 때문입니다.

쿠바는 과거에 흙수저 국가였습니다. 그러나 오늘날의 쿠바는 절대로 흙수저가 아닙니다. 쿠바는 자신만의 혁신과 기회를 전략적으로 창출하여 흙수저를 졸업하고 동수저 국가로 발전했습니다. 쿠바는 이 과정에서 유독 한 국가에게 고마운 마음을 전합니다. 네, 미국입니다. 미국이 그 오랜 시간 동안 쿠바를 괴롭히면서 쿠바 국민은 더 강력한 연대감을 쌓아 위기를 기회로 전환할 수 있었기 때문입니다.

아이러니하지만 기회는 늘 위기라는 가면을 쓰고 옵니다. 그래서 위기를 보고 겁부터 먹는 사람은 그것이 기회인지도 모르고 도망부터 갑니다. 그런 점에서 저는 여러분께 묻고 싶습니다. "당신은 기회를 기다리는 사람인가요, 아니면 기회를 만드는 사람인가요?" 만약에 기다림이 더 중요하다고 생각된다면 이 말을 기억해주세요. 아무 일도 벌이지 않으면, 아무것도 기다릴 게 없다는 것을.

쿠바는 소련과 손을 잡았을 때 기회를 기다리기만 하는 태도를 보였습니다. 그러나 쿠바는 안전을 지향했던 나머지 소련이 붕괴하는 순간 자신의 미래를 고민할 수밖에 없었습니다. 그래서 쿠바는 흙수저를 탈출할 기회를 얻었음에도 그냥 자신이 있던 위치에 머무를 수밖에 없었습니다. 기회라는 소중한 가치를 자신의 손이 아닌 남의 손에 맡겼기 때문입니다.

그러나 이 교훈을 통해 쿠바는 오히려 미국의 초강력 제재라는 위기 덕분에 쿠바만의 혁신을 선포할 수 있었고, 그 혁신으로 자신만의 기회를 만들 수 있었습니다. 그리고 그 때문에 쿠바는 이제 더 이상 흙수저 국가가 아니라 동수저 국가로 인정을 받게 된 것입니다.

제가 경험한 기회의 본질은 대단히 기회주의적입니다. 아주 전략적이기도 하고요. 기회는 무언가를 도전하고 혁신적으로 문제를 해결하려는 사람에게 자석처럼 달라붙습니다. 누구나 각자에게 맞는 타이밍이 있습니다. 여러분께도 여러분만의 타이밍이 분명히 올 것입니다. 그런 의미에서 여쭙고자 합니다. 지금보다 더 나은 삶을 원하신다면, 이제는 자신감을 가지고 기회 용량의 법칙을 마음껏 누려보시는 게 어떨까요?

기회를 가질 수 있을지 없을지는 직접 한번 해보고 결론을 내리셔도 늦지 않습니다. 그러니 오직 담대한 용기를 갖고 혁신적으로 도전해 나가보세요. 그리고 세상을 향해 크게 선포하시고 직접 만들어 나가세요. 기존의 세상과 사람들은 감히 상상도 하지 못했던 당신만의 혁신적인 기회들을.

．
．
．
．
．

기회는
위기 속에서도
혁신을 추구하는 사람에게
자석처럼 붙습니다.

기회를 만들어보고 싶나요?
그럼 켈리 클락슨의 〈Stronger〉를 들어보세요.

"사람들은 미쳐 있었어요. 그들은 히틀러를 열렬히 찬양하고 있었죠. 저는 그 광경을 봐야 했어요. 그뿐이에요. 전 그냥 봐야 했어요."

레니 리펜슈탈 (1902~2003)

제3장 선택의 역사

히틀러에게
다가갔던 여자의
가벼웠던 선택

Wähle das leben

가벼운 선택,
가벼운 역사

.
.
.
.

Choose와 Select의 차이

저의 취미는 크게 두 가지로 나누어집니다. 하나는 제가 좋아해서 선택하게 된 자발적 취미이고 다른 하나는 다른 사람들이 좋아해서 선택하게 된 타의적 취미입니다. 먼저 저의 타의적 취미부터 말씀드리겠습니다. 그것은 바로 고민 상담입니다. 저는 참 신기하게도 저녁 시간만 되면 정말 많은 분으로부터 연락을 받습니다. 어쩜 그렇게 남녀노소 할 것 없이 다양한 연령대와 성별로 연락을 주시는지, 이 현상은 제가 봐도 정말 신기합니다.

고민의 종류는 다양합니다. 그러나 성인의 고민은 앞으로 그들의 삶을 바꿀 수 있는 중대한 사안들을 다룹니다. 그러나 저의 고민 상담 방식은 굉장히 단순한 편입니다. 그냥 들어주는 것이 거의 99%를 차지합니다. 솔직히 제 경험상 대부분의 사람들은 이미 자신이 어떤 선택을 내리고 싶은지 아주 잘 알고 있습니다. 그래서 제게 연락을 한다는 건 그냥 자신의 선택이 합리적인지 아닌지를 제삼자로부터 확인받고 싶어서가 아닐까 하는 생각이 듭니다.

개인적으로 저는 자율성을 중시하는 편입니다. 그래서 고민 상담을 할 때도 될 수 있으면 상대가 스스로 해결책을 찾아낼 수 있도록 돕는 것을 선호합니다. 그러나 예외적인 상황도 존재합니다. 예를 들어 어떤 고민은 한 사람의 선택으로 너무나 많은 사람이 피해를 볼 수도 있는 사안을 다룹니다. 저는 그런 고민을 들을 때 단호하게 이 한마디만을 외칩니다. "그건 현명한 선택이 아닌 것 같습니다. 다른 선택을 생각해보는 게 어떨까요?"

저도 처음부터 고민 상담을 잘한 것도 아니고 좋아하지도 않았습니다. 사실 지금도 친한 사람의 연락이 아닌 이상 그렇게 좋아하지는 않습니다. 타인의 고민을 듣는다는 것은 생각보다 많은 감정의 노동을 필요로 하기 때문입니다. 그러나 어느 날 깨달았습니다. "이렇게 중요한 문제를 나한테 물어본다는 건 그만큼 상대가 나를 믿고 의지한다는 거구나."

이에 반해 제게도 진짜 취미가 있는데 그건 바로 어원 탐구입니다. 취미가 어원 탐구라니… 이 여자, 굉장히 재미없을 것 같지요? 천만의 말씀입니다. 어원이 얼마나 매력적인지 보여드릴게요. 말이 나온 김에 선택이라는 단어의 어원을 살펴보겠습니다. 자, 선택이라는 단어는 영어에서 주로 Choice라는 명사 그리고 Choose라는 동사로 표현할 수 있고, Selection이라는 명사와 Select라는 동사로 표현할 수 있습니다.

이 단어들은 똑같은 뜻을 갖고 있습니다. 그러나 흥미롭게도 이 단어들은 활용적인 측면에서 미묘한 차이점을 보입니다. 특히 Select라는 단어는 아주 흥미로운 어원을 갖고 있는데, 영어에서 lect, leg, lig가 들어가면 그것은 주로 선택을 의미합니다. 그러나 영어 단어 Select에서 se는 '저 멀리 따로 둔다'라는 의미를 지닙니다. 그럼 한번 이렇게 생각해볼게요. 어떤 것을 선택해서 따로 저 멀리 둔다면, 도대체 그 어떤 것은 얼마나 중요하길래 그걸 따로 발췌해서 고이 둘까요?

네, 맞습니다. Select는 선택의 과정을 거쳐 따로 중요한 곳에 보존하려는 의도가 강합니다. 그래서 영어 단어로 무언가를 중요하게 선택한다는 표현을 하고 싶을 때는 Choose가 아닌 Select를 자주 사용하는 경향이 큽니다.

이것이 Choose와 Select의 근본적인 차이입니다. 만약에 우리에게 무한한 시간이 있다면 우리는 매 순간 Select를 하는 것이 최선일 것입니다. 모든 것을 계산한 다음 우리가 예상할 수 있는 위험을 최대한으로 줄이면 되기 때문입니다. 그러나 우리의 시간은 유한합니다. 따라서 이러한 유한성은 인간으로 하여금 Select보다 Choose를 해야 하는 상황에 놓이게 합니다.

그렇다면 우리는 언제 Choose 대신 Select를 선택해야 할까요? 어려운 질문이지만 이 질문에 대한 답은 아주 파란만장한 삶을 살았던 한 여인의 역사를 통해서 알아보도록 하겠습니다. 그 역사는 바로 제2차 세계대전 당시 히틀러에게 겁 없이 다가섰던 여자, 레니 리펜슈탈입니다.

도전과 관심을 좋아했던 사람

레니 리펜슈탈은 1902년 8월 22일 독일 베를린에서 배관공 사업을 하시는 아버지와 삯바느질 일을 하시던 어머니 사이에서 장녀로 태어났습니다. 레니의 아버지께서는 베를린에서 나름대로 잘 나가는 중소기업의 사장이었습니다. 그녀의 아버지는 무일푼으로 사업을 시작하여 어렵게 성공의 길을 걸어오신 분이었습니다. 레니의 아버지는 항상 레니와 그녀의 남동생이었던 하인츠에게 검소한 삶을 강조하셨습니다. 그러나 애석하게도 레니는 이미 어릴 때부터 검소와는 거리가 멀었습니다. 레니는 그 누구보다 도전하는 것을 좋아했고 사람들로부터 관심받는 것을 좋아했기 때문입니다. 그래서 레니는 실제로 성인이 된 이후 부모님의 반대를 무릅쓰고 무용가로서의 길을 선택했을 정도로 열정이 가득했습니다.

그러던 1923년 레니는 체코 프라하에서 공연을 하던 도중 무릎을 다쳤습니다. 이 사고를 계기로 레니는 무용을 그만둘 수밖에 없었습니다. 레니의 무릎 부상은 그녀의 아버지에게 희소식과도 같았습니다. 그녀의 아버지께서는 장남이었던 하인츠 대신 장녀였던 레니에게 사업을 물려주고 싶으셨기 때문입니다. 그럼 레니의 아버지께서는 왜 장남인 하인츠보다 레니에게 사업을 물려주고 싶으셨던 것일까요? 그 이유는 다음과 같습니다.

"레니야, 아버지가 봤을 때 너는 춤을 추는 것보다 그냥 내 후계자가 돼서 사업을 하는 게 더 좋을 것 같구나. 너는 태어날 때부터 전형적인 사업가 기질을 타고났단다. 사업가는 도전도 좋아하고 배포도 커야 해. 근데 네 동생 하인츠는 너무 조용하고

착하기만 해서 내가 도저히 그 아이한테 사업체를 물려줄 용기가 안 나는구나. 그러지 말고 우리 딸, 이제 아버지 사업을 물려받는 건 어떻겠니?"[16]

만약에 제가 레니였다면 저는 그녀의 아버지께 이렇게 답했을 것 같습니다. "아버지, 너무 좋은 제안인데요? 왜 진작에 말씀 주지 않으셨죠?" 솔직히 저만 그렇게 생각하는지는 모르겠지만 요즘같이 취업하기 어려운 시기에는 아버지 찬스로 회사도 물려받고 후계자 수업도 받으면 너무 좋을 것 같다는 생각이 듭니다. 다 차려진 밥상에 숟가락만 얹으면 되는 거니까요.

그러나 저의 이런 속물 같은 생각과는 다르게 레니는 회사의 승계권도 거부했고 경영인이 되는 것도 거부했습니다. 그녀가 후계자가 되는 것을 거절했던 데에는 이유가 있습니다. 사업체를 물려받으면 이제는 예술가로서의 삶을 살 수가 없었기 때문입니다. 레니는 돈보다 인기를 추구했던 사람입니다. 그녀는 춤을 통해 남들에게 관심받는 것을 좋아했습니다. 그런데 회사 일은 사무실에서 서류 보고, 결재하고, 회의하고, 보고서 쓰는 게 거의 전부잖아요? 아무리 생각해도 레니는 이런 생활을 도저히 견딜 수가 없던 것이었지요.

레니는 그녀의 아버지를 피해 하루빨리 새로운 길을 찾아야

겠다고 생각했습니다. 그리고 레니는 어느 날 우연히 길을 걷다가 한 영화의 포스터를 발견하게 됩니다. 영화의 제목은 《운명의 산》인데, 이 영화는 자연의 절경을 보여주는 산악 영화로 유명합니다. 레니는 이 포스터를 보고 자신도 모르는 이끌림을 느꼈습니다. 레니는 이 포스터를 보자마자 곧장 영화관으로 갔고 영화를 본 다음에는 이런 다짐을 했습니다. "나는 이제부터 영화배우로서 새로운 삶을 살 거야."

다른 회고록들과는 다르게, 저는 레니의 회고록을 읽으며 숨이 가빠왔습니다. 인생의 전개가 너무 극적이라는 느낌이 들었기 때문입니다. 물론 레니처럼 영화를 보고 배우로서의 꿈을 가지는 것은 너무나 자연스러운 일일 수 있습니다. 그런데 여러분, 한번 이렇게 생각해보세요. 영영 춤을 출 수 없을 정도로 무릎을 다친 사람이 무릎 치료도 끝내지 않고 바로 다른 직업을 생각할 여유가 있다? 저는 이 부분에서 조금 의문이 들었습니다.

보통의 사람들은 직업을 정할 때 어느 정도의 고민과 생각을 하고 정하는 경우가 많습니다. 직업이라는 것은 수입을 얻는 기초적인 수단이기도 하지만 한 사람의 소명을 보여주는 상징이기도 하니까요. 레니가 만약에 급전이 필요했던 것이라면 저도 이 점에 대해서는 이해가 갈 것 같습니다. 그런데 여러분께서도 아시다시피 레니는 괜찮은 중소기업 사장의 딸이었고, 심지어 후계자 제안도 받았던 사람입니다. 그녀는 경제적으로 안정된 삶을 살고 있었습니다. 그래서 저는 생각했습니다. "먹고사는 데 아무 문제도 없는데 왜 이렇게 섣불리 또 다른 직업을 찾으려 하지? 과연 이 선택이 그녀가 진심으로 원해서 내린 선택일까?" 저는 이 질문에 대한 답을 찾기 위해 그녀와 관련한 자료들을 읽어보기 시작했습니다. 그리고 그 결과 아주 놀라운 사실을 발견할 수 있었습니다. 그것은 바로 그녀가 보통 사람들보다 훨씬 더 충동적인 삶을 살았다는 것입니다.

충동적인 선택

레니의 충동성을 보여주는 일례가 있는데 그것은 그녀가 영화 《운명의 산》을 보고 난 다음에 취한 행동입니다. 놀라우시겠지만, 레니는 영화를 보고 난 뒤 집에 오자마자 영화의 감독이었던 아르놀트 팡크 감독에게 편지를 보냈습니다. 그리고선 이런 제안을 했습니다. "팡크 감독님, 안녕하세요? 저는 감독님의 영화를 보고 크게 감동한 레니 리펜슈탈이라고 합니다. 혹시 실례가 안 된다면, 제가 직접 감독님을 한번 찾아뵙고 싶습니다. 최대한 빨리 만나 뵙고 싶은데 만남이 가능할까요?"[17]

예술가는 자기 작품을 좋아하는 사람을 더 좋아하는 경향이 큽니다. 그러니 팡크 감독이라고 레니의 제안이 싫었을 리가 없었겠지요. 팡크 감독은 별다른 고민 없이 바로 레니의 제안을 수락했습니다. 그런데 레니는 팡크 감독과의 첫 만남에서 그를 보자마자 자신도 《운명의 산》과 같은 영화에 출연하고 싶다는 포부를 밝혔습니다.

열정이 뜨거운 사람들끼리 만나서 그랬던 것일까요? 레니도 충동적이었는데 팡크 감독도 레니에 버금갈 정도로 충동적이었던 것입니다. 왜냐하면 팡크 감독은 레니와의 첫 만남 때 그녀에게 곧장 영화 캐스팅을 제의했기 때문입니다.

캐스팅 제의를 받고 영화배우가 된 레니는 1924년 영화 《성스러운 산》을 시작으로 1930년까지 팡크 감독과 총 4편에 달하는 산악 영화를 촬영했습니다. 레니는 이 과정에서 팡크 감독으로부터 틈틈이 영화 촬영법을 배우며 영화감독으로서의 재능을 갖추게 됩니다. 그리고 레니는 이 과정에서 자신도 직접 영화를 만들어 보고 싶다는 생각을 하게 됩니다.

이로써 레니가 시작하게 된 또 다른 도전이 있었으니, 그것은 바로 영화감독으로서의 도전이었습니다. 레니가 직접 출연, 편집, 감독한 첫 작품은 1932년에 개봉한 영화 《푸른 빛》입니다. 이 영화는 당시의 영화 비평가들로부터 호평을 받았습니다. 그러나 이 영화를 극찬한 사람 중에는 우리가 이름만 대도 아는 사람이 있습니다. 그렇습니다. 그는 바로 제2차 세계대전을 일으킨 주역이자 나치당의 당수였던 아돌프 히틀러입니다.

잘못된 선택의 서막

사실 레니를 표현할 때 충동이라는 단어를 쓰기는 했지만, 이것을 다르게 표현하자면 열정이 되기도 합니다. 모든 표현에는 긍정과 부정의 단면이 담겨 있기 때문입니다.

그런 측면에서 레니의 장점은 도전에 대한 두려움이 없다는 것입니다. 도전에 대한 두려움이 없는 사람은 새로운 것을 받아들이는 데에 거부감이 없다는 귀한 장점을 갖고 있습니다. 그러나 극으로 치닫는 도전 정신에는 때때로 아주 큰 부작용이 따르기도 합니다. 새로운 도전에 지나칠 정도로 거부감이 없으면, 나중에는 무엇을 신중하게 선택해야 하는지 모르기 때문입니다. 그런데 어떻게 보면 레니의 이런 급작스러운 결정은 당시의 독일과 크게 달라 보이지 않는다는 생각이 듭니다.

당시의 독일은 어땠는지 잠깐 살펴보도록 할까요? 독일은 제1차 세계대전이 끝나고 패전국이라는 오명을 쓰게 되면서 1919년부터 바이마르 공화국의 시대를 맞이했습니다. 독일은 제1차 세계대전에서 패함으로써 경제적으로 너무나 큰 비용을 지불해야만 했습니다. 그런데 엎친 데 덮친 격으로 1929년에는 미국발 대공황으로 독일 경제가 더더욱 악화하니, 독일 사회 안에서는 경제적 혼란으로 민심이 크게 요동치고 있었습니다.

어느 나라든지 똑같겠지만 민심이 크게 흔들리면 국내 정치에서는 극우 정당 혹은 극좌 정당이 인기를 얻을 수밖에 없습니다. 왜냐하면 이미 그 나라 국민의 마음은 극으로 치닫는 분노를 경험하고 있기 때문입니다. 이것과 비슷한 이유로 당시의 독일에서는 극우 정당이 인기를 끌고 있었습니다. 그리고 그 극우 정당은 우리가 아주 잘 알고 있는 히틀러의 나치당입니다.

당시의 독일 국민은 이런 생각을 했습니다. "아니, 도대체 정부랑 의회는 경제 문제를 어떻게 해결하겠다는 거지? 왜 이렇게 다들 행동이 굼뜬 거야? 내가 이럴 바에는 차라리 히틀러를 뽑는 게 낫겠다." 여러분, 정치에서 제일 무서운 것이 뭔지 아시나요? 정치라는 것은 말이지요, 국민의 입에서 '내가 이럴 바에는' 이라는 문장이 나오면 게임이 끝났다고 보셔도 됩니다. '이럴 바에는'이라는 말에는 극한의 선택을 해도 나쁘지 않다는 인간의 무의식이 자리 잡고 있기 때문입니다.

그런 의미에서 히틀러와 나치당은 완벽한 타이밍을 잡고 있었습니다. 1932년 7월과 11월 독일에서는 총선이 열리게 되면서 히틀러의 나치당이 독일의 제1당으로 등극하는 정치적 대이변을 맞이했기 때문입니다. 그리고 이를 계기로 히틀러는 점차 독일 내 정치를 장악하면서 막대한 권력을 잡게 된 것이지요. (히틀러는 1933년 1월 독일의 총리가 됐고, 1934년에는 대통령과 총리를 둘 다 겸하는 총통이 됐습니다. 히틀러가 총리에서 총통이 된 과정이 궁금하신 분들께서는 독일과 관련한 다른 역사책을 읽어보시길 추천해 드립니다.)

독일 국민들은 알았을까요? 자신들이 선택한 정당이 이런 시대의 악의 축을 세웠을지? 글쎄요. 답은 오직 하늘만이 알 것 같습니다. 그러나 적어도 대부분의 독일 국민은 이런 생각을 하지 않았을까 싶습니다. "다른 건 몰라도 당신이 히틀러의 연설을 들어봤다면, 당신은 히틀러를 다르게 봤을 거예요."

여러분께서는 히틀러의 연설을 늘어보신 적이 있으신지요? 저는 어렸을 때 잠깐 가족과 함께 독일에 머무른 적이 있습니다.

그때 처음으로 히틀러의 육성이 담긴 연설 영상을 본 것 같습니다. 아직도 기억납니다. 어린 저의 눈에는 코 밑에 김 조각을 붙인 2:8 가르마를 한 아저씨가 땀을 뻘뻘 흘리면서 어찌나 화를 내시던지요. 오죽하면 제가 그 모습을 보고 혼자서 깔깔 웃으면서 이렇게 말한 적도 있습니다. "오! 저 아저씨, 김 진짜 좋아하나 봐! 코 밑에 김(수염)이 있어!"

당시 저는 7살이었습니다. 제가 너무 어려서 그랬는지는 몰라도 아버지께서는 저를 보시고 최대한 히틀러와 나치당 그리고 홀로코스트Holocaust에 대해 자세히 설명해주셨습니다. 그런데 아버지의 설명을 들은 뒤에는 저절로 웃음을 멈출 수밖에 없었습니다. 제가 있던 베를린이 너무나 스산하게 느껴졌기 때문입니다. 그러나 이보다 더 무서운 사실이 있습니다. 당시의 독일에서 얼마나 잔인한 일이 벌어졌는지도 모르는 7살 외국 아이의 눈에도, 히틀러의 연설만큼은 대단히 압도적으로 느껴졌다는 것입니다. 정말이지 인간에게 있어서 감정 전이만큼 무서운 것도 없을 것입니다. 히틀러의 연설을 압도적이라고 느꼈던 사람이 저 혼자만은 아니었기 때문입니다.

레니도 히틀러의 연설을 압도적이라고 느꼈습니다. 사실 레니는 히틀러의 연설을 1932년 3월 베를린 스포츠 궁에서 열렸던 나치당 집회에서 들었습니다. 그리고 히틀러의 연설에 크게 매료됐던 레니는 그녀의 평소 성격대로 히틀러를 향한 극찬의 편지를 써서 보냈습니다. 바로 이런 내용으로 말입니다.

"아돌프 히틀러, 당신의 연설은 나를 압도했습니다. 당신과 같은 정치인을 만날 기회가 있다면 그것은 내 일생일대에 가장 큰 영광이 될 것입니다. 나는 영화 촬영을 위해 며칠 뒤 독일을 떠나 그린란드로 갈 것입니다. 그 전에 당신을 한 번이라도 볼 수 있으면 좋겠습니다. 물론 당신이 이 편지를 읽을 수 있을지는 모르겠지만요."[18]

여러분께서 이 편지를 받았다고 한번 상상해보세요. 여러분께서는 어떤 행동을 취할 것 같으신지요? 저는 두 가지 감정이 들 것 같습니다. 첫 번째는 고마운 감정이고 두 번째는 의심입니다. 저는 명확한 것을 좋아하는 사람입니다. 그래서 편지 내용 안에 만나고 싶은 이유를 명확히 설명하지 않는 이상, 저는 의미 없는 만남을 지양하는 편입니다. 아마 대다수의 분들도 저와 같은 생각을 하시지 않을까 싶습니다. 그러니 레니도 편지의 끝머리에 "당신이 이 편지를 읽을 수 있을지는 모르겠지만요"라고 말하지 않았을까요?

그러나 레니의 예상과는 다르게 히틀러는 이 편지를 직접 읽었습니다. 그리고 그는 자신의 부관을 시켜 레니가 제안했던 만남에 응하겠다는 답변을 전했습니다. 바로 이런 내용으로 말입니다.

"레니 리펜슈탈 선생님 맞으십니까? 저는 히틀러 선생님의 부관인 빌헬름 브뤼크너라고 합니다. 히틀러 선생님께서 선생님을 호루메르질로 초대하고 싶다는 말씀을 주셨습니다. 교통편은 저희가 마련하겠습니다. 지금 호루메르질로 오실 수 있으신지요?"[19)]

나락으로 가는 지름길

전화를 받은 레니는 예상치 못한 초대를 받고 잠시 당황하는 모습을 보였습니다. 그러나 그녀는 히틀러의 부관에 "즉시 호루메르질로 가겠습니다"라는 답변을 남기며 히틀러를 만나러 갔습니다.

저는 이 대목을 보며 딱 이 한마디를 외쳤습니다. "레니… 당신이라는 여자, 정말 보통 여자가 아니군요?" 제가 이 한마디를 외쳤던 이유가 있습니다. 레니가 히틀러의 부관으로부터 연락

받았던 날은 그녀가 히틀러에게 말한 것처럼 영화 촬영을 위해 그린란드로 떠나야 하는 날이었기 때문입니다.

레니가 히틀러를 만나러 호루메르질로 가게 되면 그린란드로 가야 하는 영화의 스태프들은 그 어떤 사정도 모르고 레니를 기다려야만 했습니다. 그리고 무엇보다도 이번 영화의 기자회견은 그린란드행 배편이 있는 함부르크행 기차 안에서 진행되기로 약속됐습니다. 그 때문에 영화의 주인공이었던 레니는 자신의 책임을 다하기 위해서라도 함부르크행 기차를 탔어야만 합니다. 그런데 레니는 어떤 선택을 했죠? 네, 그녀는 함부르크가 아닌 호루메르질을 선택했습니다.

호루메르질은 독일 북서부 발트해 연안에 있는 독일의 휴양도시입니다. 이곳에서 레니와 히틀러는 처음으로 서로의 얼굴을 보고 인사를 했습니다. 레니에 따르면 이 둘은 첫 만남임에도 불구하고 아주 오래 알고 지낸 친구처럼 다정한 대화를 나눴다고 합니다. 그런데 대화를 나누다 보니, 레니는 히틀러가 왜 그녀의 제안을 고민 없이 수락했는지 궁금해져서 그 이유를 물었습니다.

히틀러는 레니의 질문에 이렇게 답했습니다. "레니, 당신은 모를 수도 있겠지만 사실은 나도 당신의 팬입니다. 그리고 영화를 무척 사랑하지요. 나도 어렸을 때는 화가가 되고 싶었어요. 그런데 사람들은 내 그림을 별로 좋아해 주지 않더군요. 올해 《푸른 빛》이라는 영화, 레니가 직접 출연하고 제작했지요? 첫 장면이 인상 깊던데 당신이 바다에서 춤추는 모습 너무 감명 깊게 잘 봤어요. 레니는 나치당원인가요? 레니 같은 인재가 당을 위한 영화를 만들어주면 너무 기쁠 것 같은데 말이지요."[20]

레니에 따르면 히틀러는 보이는 이미지와는 다르게 레니에게 그 누구보다도 따뜻하고 자상하게 말을 했다고 합니다. 저는 그녀의 발언을 보며 이런 생각이 들었습니다. "그래, 남자가 여자한테 자상하게 말하면 웬만한 여자는 여기에 넘어가겠지. 근데 이걸 어쩐다… 다른 사람은 몰라도 히틀러는 이게 다 심리적 수법일 뿐인데?"

아마 히틀러가 저한테 이런 얘기를 했다면 저는 눈빛으로 이렇게 말했을 것 같습니다. "허허… 아저씨, 속일 사람을 속이세요. 제 눈에는 다 보입니다." 솔직히 저라면 애초에 이런 상황 자체를 만들지도 않습니다. 그래서 제가 레니였다면, 저는 원래 계획대로 제시간에 맞춰서 함부르크행 기차를 탔을 것 같습니다. 그러나 레니는 달랐습니다. 레니가 누구인가요? 레니는 그 누구도 가까이할 수 없었던 히틀러에게 적극적으로 다가섰던 여자입니다. 심지어 레니는 히틀러에게 사심이 담긴 편지도 보냈던 사람입니다. 이는 즉 레니는 히틀러의 말을 들을 때 일반인의 감정보다 팬으로서의 감정을 가졌을 확률이 높다는 것을 의미합니다.

히틀러는 이 부분을 알고 있었습니다. 그래서 히틀러는 레니가 자신을 위해 영화를 만들어주길 바랐습니다. 그런데 놀랍게도 레니는 실제로 1933년 히틀러가 독일의 총리로 선출이 되자마자 그를 위한 영화를 제작했습니다. 레니가 히틀러를 위해 제작했던 첫 영화가 바로《신념의 승리》입니다.《신념의 승리》는 1933년 뉘른베르크 전당대회를 영상으로 기록한 다큐멘터리형 영화입니다. 개봉 당시에 이 영화는 한마디로 대박이 났습니다. 왜일까요? 나치당원들이 이 영화를 너무나 극찬했기 때문이지요.

히틀러는《신념의 승리》를 보고 레니가 영화를 통해 대중을 선동하는 능력이 뛰어나다는 것을 깨달았습니다. 히틀러는 이 기회를 놓칠 수 없어서 레니에게 또 다른 영화를 제작해달라고 부탁했습니다. 히틀러의 또 다른 부탁을 받고 탄생한 작품이 바로 1935년에 개봉했던 영화《의지의 승리》입니다.《의지의 승리》는 전 세계 영화 역사상 가장 정치적으로 선전력이 강한 영화로 알려져 있습니다. 영화인들이 이 영화를 정치 선전용 영화의 표본이라고 하는 데에는 그만한 이유가 있습니다. 이 영화의 연출 방법은 오로지 히틀러를 신격화하는 데에 맞춰져 있기 때문입니다.

정말 부인하고 싶지만, 저는 이 영화를 보는 순간 큰 충격을 받을 수밖에 없었습니다. 그 당시의 퀄리티라고는 상상도 할 수 없을 정도로 너무 잘 만들었기 때문입니다. 이 영화의 관전 포인트는 카메라 촬영 기법에 있는데, 이 영화는 히틀러의 움직임을 거의 신의 움직임처럼 표현하는 데에 온갖 노력을 다했다고 봐도 무방합니다. 그래서 이 영화를 보고 난 다음에는 오직 이런 생각만 듭니다. "한 사람을 이렇게 신격화하는 데에 온 힘을 쏟았으니 당연히 대중이 홀릴 수밖에."

이러한 영화 촬영 기법 덕분에 레니가 제작했던 《의지의 승리》는 당시 각종 영화제에서 상을 휩쓸었습니다. 그러나 사람의 인생에는 오르막길도 있고 내리막길도 있는 것 같습니다. 레니는 히틀러의 지원을 받으며 성공 가도를 달리고 있었지만, 어느 순간 자기 통제력을 잃어가고 있었기 때문입니다. 그리고 이렇게 자기 통제력을 잃었던 레니는 이제 히틀러만을 위한 영화를 넘어서 당시의 나치당이 찬양했던 우생학을 선전하기 위해 《올

림피아》라는 스포츠 영화를 만들기도 했습니다. 결국 레니는 이 영화를 통해 독일 아리아인의 인종적 우월성을 돋보이게 하는 데에 앞장서게 된 것입니다. 그리고 그렇게 인생의 나락으로 가는 지름길을 걷기 시작한 것이고요.

죄인이라는 꼬리표

레니는 우리가 흔히 아는 히틀러나 괴벨스, 괴링, 힘러, 아이히만, 그리고 멩겔스처럼 직접적으로 유대인을 학살한 것도 아니고 제2차 세계대전을 일으킨 것도 아닙니다. 그러나 이것 하나는 확실합니다. 그녀가 만든 영화들은 나치가 벌이는 극악무도한 범죄에 독일 국민을 동참하게끔 했다는 것입니다. 그리고 이런 악의 축이 세상의 질서를 흔들 수 있도록 방관했다는 사실. 이 사실 하나만으로도 레니는 죄를 지은 것입니다.

제2차 세계대전은 1945년 히틀러가 자살을 하면서 종식했습니다. 전쟁이 종식함에 따라 레니는 1948년부터 1952년까지 총 4번에 걸쳐 전범 재판에 섰습니다. 그녀의 죄목은 '나치를 옹호하고 선전하는 데에 앞장선 죄'였습니다. 그러나 레니는 매번 재판관에게 자신의 무죄를 입증할 때마다 다음의 주장을 펼쳤습니다. "판사님, 당적을 한번 보세요. 저는 나치 당원이 아닙니다. 그리고 저는 히틀러가 시키는 대로 했을 뿐입니다. 저는 오직 예술성을 토대로 영화를 만들었습니다. 정치와는 아무런 상관이 없어요. 그러니 저는 아무런 죄가 없습니다." [21)]

사실 재판에 임했던 모든 사람들은 레니가 히틀러와 얼마나 친하게 지냈는지 잘 알고 있었습니다. 그러나 재판에서는 증거가 중요하잖아요? 재판에 임했던 이들은 레니의 죄를 입증하기 위해 각고의 노력을 펼쳤으나, 안타깝게도 이들에게는 레니의 죄를 합법적으로 입증할만한 증거가 없었습니다.

그럴 만도 합니다. 히틀러가 자살을 했으니, 영화를 만들라고 누가 명령했는지는 알 수가 없게 됐고. 괴벨스의 일기장에 레니와 히틀러의 관계가 적혀 있는데, 소련이 그 일기장도 가져가 버렸고. 레니가 실제로 나치당에 가입한 적은 없었으니, 그녀가 나치당원이 아닌 것은 맞고.

참으로 답답한 상황입니다. 그러나 판결은 증거가 충분할 때만 내릴 수 있으니 재판관들은 하는 수 없이 레니에게 무죄를 선고할 수밖에 없었습니다. 사유는 증거 불충분이었습니다. 그러나 재판관들이 무죄를 선고했다고 하더라도 여론의 입장은 달랐습니다. 이미 독일뿐만이 아니라 제2차 세계대전의 연합국들은 레니의 모든 행적을 알고 있었기 때문입니다. 그래서 세상은 그녀가 무죄로 풀려났다고 하더라도 그녀의 편에 서주지 않았습니다. 세상은 그녀에게 죄가 있다는 걸 그 누구보다 잘 알고 있었기 때문입니다.

이 이유로 레니는 평생 죽을 때까지 '나치의 선동자'라는 꼬리표를 달고 살았습니다. 그리고 레니는 이 꼬리표를 없애기 위해 여러 번에 걸쳐 새로운 도전을 시도했습니다. 그러나 그 어떤 투자자도 레니를 후원해주지 않았습니다. 그녀가 또 무슨 일을 벌일지 그 누구도 예상할 수 없었기 때문입니다. 그래서일까요? 레니는 생전에 언론과 인터뷰를 할 때마다 이런 말을 자주 하곤 했습니다. "내 생애 최악의 실수이자 선택은 히틀러를 만났다는 것입니다. 나는 히틀러를 만나서는 안 됐어요. 내 인생이 이렇게 됐으니까요."[22]

가벼운 생각, 가벼운 선택, 가벼운 역사

맞는 말이기는 합니다. 그러나 레니의 이 발언, 뭔가 좀 이상하다고 느껴지지 않으시나요? 저만 그렇게 느낄 수도 있는데 말은 바로 해야 할 것 같다는 생각이 듭니다. 레니가 저지른 진짜 최악의 실수이자 선택은 자신이 '직접' 히틀러에게 '먼저' 만나고 싶다고 한 것이지, 히틀러와의 만남 그 자체가 아니기 때문입니다.

영화를 찍기 위해 그린란드로 떠나야 했던 날 그녀에게는 선택권이 있었습니다. 영화를 찍으러 그린란드로 떠나는 선택권과 히틀러를 만나러 호루메르질로 떠나는 선택권입니다. 그런데 레니는 어떤 선택을 했죠? 네, 그녀는 히틀러를 만나러 호루메르질로 떠나는 선택을 했습니다. 왠지 살면서 다시는 그런 기회가 오지 않았을 것 같았으니까요.

그녀와 인터뷰를 했던 사람 중 한 명인 라이 뮐러도 저와 같은 의문을 품었던 것 같습니다. 뮐러는 레니가 저질렀던 최악의 실수가 히틀러와의 만남이었다고 하는 것을 듣고, 그녀에게 다음의 질문을 했기 때문입니다. "레니, 레니는 자신이 저지른 죄를 인정하나요?"

이 질문을 들은 레니는 아연실색하며 답했습니다. "당신, 도대체 무슨 의도를 가지고 그런 질문을 하는 거죠? 죄? 내 죄가 어디에 있죠? 후회. 그래, 후회는 있어요. 영화《의지의 승리》를 만들었던 것. 그 일은 내가 살면서 가장 후회하는 일이에요. 그런데 내가 그 시대에 태어났다는 사실 자체를 후회할 수는 없는 거잖아요? 나는 반유대주의자가 아닙니다. 당신도 알겠지만 나는 나치당원도 아닙니다. 그러니 내 죄가 어디에 있는지 어디 한 번 당신이 말해봐요! 나는 핵무기를 투하한 적도 없고 누군가를 배신한 적도 없어요! 도대체 내게 무슨 죄가 있다는 거죠?" [23)]

여러분께서는 레니의 마지막 답변을 보며 어떤 생각이 드시나요? 저는 그녀의 답변을 보고 이 생각밖에는 들지 않았습니다. "아, 답이 없다." 사실 처음에도 말씀을 드렸지만 어쩌다 보니 저의 취미 중 하나가 고민 상담이 되어 버렸는데, 고민 상담을 할 때마다 어안이 벙벙해질 때가 있습니다. 자신의 답이 너무나 명확해서 저의 답변이 굳이 필요 없는 사람과 대화할 때입니다.

자신의 답이 명확한 사람은 이미 자신이 무엇을 원하는지 그래서 어떤 선택을 내릴 것인지 잘 알고 있습니다. 그들이 어떤 선택을 내릴지 명확히 아는 이유는 하나입니다. 선택을 통해 본인에게 어떤 미래가 열릴지 간파하고 있기 때문입니다. 머릿속으로 계산을 해봤다는 표현. 그 표현이 완벽할 것 같습니다.

그러나 이들 중에는 선택을 하면서 생각이 가벼울 때가 있습니다. 제가 의미하는 생각의 가벼움은 자신이 어떤 선택을 함으로써 그 선택이 자기 자신뿐 아니라 타인에게 어떤 영향을 끼칠 것인지 제대로 생각해보지 못했다는 것을 뜻합니다. 생각이 가벼운 사람은 그 선택도 가벼울 수밖에 없습니다. 그들은 책임이 무엇인지 몰라서 아무 생각 없이 Choose를 하기 때문입니다.

레니와 같은 예술가가 삶에서 제대로 된 선택만 했어도 그녀는 평생 후세대로부터 칭송받는 영화인이 됐을 것입니다. 그러나 그녀는 잘못된 선택을 했습니다. 히틀러의 권력과 지지가 그녀의 눈과 귀를 가리며 그녀를 망상에 빠지게 했기 때문입니다.

우리는 선택의 기로에 섰을 때 이 생각을 해야 합니다. "나의 선택은 선(善)을 창출하는가 아니면 악(惡)을 창출하는가?" 만약에 이 질문에 대한 답이 선보다 악이라면, 그 선택은 당장에 버려야 합니다. 버리고 포기할 줄도 아는 것. 이것이 삶의 방향을 정하는 지혜로운 대인(大人)의 선택법입니다.

그러므로 중요한 갈림길에서는 Choose 하지 말고 Select 하시길 바랍니다. 생각이 가벼우면 그 선택도 가벼울 수밖에 없습니다. 신중하게 생각하고 선택하세요. 당신의 선택에 따라 앞으로의 방향이 달라집니다. 가벼운 역사는 쉽게 지워집니다. 그리고 지워진다면, 그것은 역사가 아닙니다.

．
．
．
．

선택이 삶의 방향을
정하는 나침반이라고
생각한다면,
당신은 책임감을 느끼고
신중하게 선택할 것입니다.

선택의 갈림길에 있나요?
그럼 에디트 피아프의 〈Non, Je Ne Regrette Rien〉을 들어보세요.

"우리 남아프리카공화국 국민은 과거의 불의를 인정하고 우리나라의 정의와 자유를 위해 고통을 당한 이들에게 경의를 표하며 우리나라를 건국 및 발전시키기 위해 노력한 이들을 존중하는 한편, 남아프리카공화국이 이 나라에 거주하는 모든 이에게 속하며 다양성 속에서 연합함을 확신한다."

남아프리카공화국 헌법 전문

제4장 집중의 역사

아파르트헤이트와
한쪽으로 집중된
권력의 결말

The end of centralized power

쟁기를 든 농부가
해야 하는 일

. . . . .

땅과 땅의 주인 그리고 쟁기와 농사꾼

고등학교 2학년 때 저의 일과를 소개해드리겠습니다. 우선 아침에 교실에 도착하자마자 매점에 들립니다. 그리고 늘 그랬듯 비스마르크라는 빵 하나와 우유를 사서 학교 도서관으로 갑니다. 도서관에서는 재밌어 보이는 세계사 책을 하나 빌립니다. 자, 이제 담임 선생님께서 조회하러 오시기 전까지 교실로 후다닥 달려가야 합니다. 교실에 도착한 후에는 마치 아무런 일이 없었다는 듯 도서관에서 빌린 책과 매점에서 산 빵을 몰래 서랍에 넣습니다.

벌써 1교시가 시작됐습니다. 1교시는 문학입니다. 그래도 1

교시 수업은 나름 괜찮습니다. 시대별로 문학 작품도 소개받고 하니까 재미라도 있어서 수업에 집중할 수 있기 때문입니다. 오, 이런… 재앙의 시작은 2교시부터 시작됐으니 그것은 이름하여 수학이었습니다. 저는 사실 수학을 좋아했습니다. 단지 수학이 저를 좋아하지 않았을 뿐이지요. 그러나 짝사랑에 마음 상처받았던 저로서는 나름의 소심한 복수를 하기 위해 수학 공부를 거부했습니다. 그래서 저는 늘 수학 시간만 되면 도서관에서 빌린 책을 교과서 뒤에 숨겨서 읽고 있었습니다.

저는 굉장히 자유로운 학생이었습니다. 그래서 고등학교를 졸업한 뒤 대학교에 입학했을 때는 자유 그 자체를 만끽할 수 있었습니다. 대학교에 와서는 어찌나 하루하루가 기쁘고 행복하던지요? 드디어 제가 원하는 수업을 마음대로 선택해서 들을 수 있었으니, 자유를 갈망했던 제게는 마치 천국과도 같았습니다. 그래서 저의 대학교 시간표를 본 친구들은 제게 이런 말을 자주 하곤 했습니다. "아니, 이렇게 법 수업을 많이 들을 거면 뭐 하러 국제학을 공부하니? 그냥 법을 공부해."

사실 입학할 때는 몰랐지만 법학은 제게 있어서 A+를 받기 가장 쉬운 과목 중 하나였습니다. 물론 재미로만 따지자면 국제학이 더 재밌습니다. 그러니 제가 전공으로 국제학을 골랐겠지요? 그러나 국제학과는 다르게 법학만이 가진 매력이 있는데, 그건 바로 법의 성격입니다. 법은 눈에는 보이지 않지만 조항 하나하나마다 그 나름의 역사와 이야기를 간직하고 있습니다. 특히 각 나라의 헌법은 그 나라의 기본 정신이 무엇인지, 그리고 그 나라가 어떤 나라인지를 명확히 보여주는 얼굴과도 같습니다. 그러므로 헌법은 그 국가의 국민이 갖는 권리, 권위, 그리고 권력의 상호관계가 어떻게 작용하는지를 보여주는 거울이기도 합니다.

그런 의미에서 여러분께 여쭤보겠습니다. 여러분께서는 권리, 권위, 그리고 권력의 차이점이 뭐라고 생각하시는지요? 저는 기존의 정치학 이론으로는 이 셋의 차이점을 이해하기 어려웠습니다. 생각보다 책에 등장하는 단어들의 뜻이 어려웠기 때문입니다. 그래서 저는 여러분께 저만의 방식으로 이 개념들의 뜻을 풀이해 드리려 합니다.

쉽게 말해 권위는 논이나 밭과 같은 땅이고, 권력은 그 땅을 가는 도구인 쟁기입니다. 땅을 가진 주인은 권위를 가진 사람이고, 땅 주인으로부터 쟁기를 빌린 농사꾼은 권력을 빌린 사람(권력자)이 됩니다. 그리고 이러한 땅 주인과 농사꾼의 관계에서 땅 주인이 농사꾼에게 또다시 땅을 맡길지 안 맡길지를 고민하는 것. 이것이 바로 권리입니다.

세상이 하도 거꾸로 돌아가다 보니 많은 분들께서 잘못 알고 계시는 부분이 있는데, 권력의 핵심은 영원히 소유하는 것이 아니라 잠시 빌리는 것입니다. 그래서 권력은 쟁기를 빌려주는 권위 있는 국민에게서 나오는 것이고, 권위가 있는 국민은 농사꾼과 같은 권력자에게 자신의 땅을 맡길지 안 맡길지를 고민하는 권리를 갖게 되는 것입니다.

이것이 제가 민주주의 사회에서 경험한 권리, 권위, 그리고 권력의 협력 순환구조입니다. 그런데 저는 권리, 권위, 그리고 권력의 협력 순환구조를 깨달으면서 한 가지 배운 것이 있습니다. 그것은 바로 권력의 본질을 깨우치지 못한 리더는 좋은 리더가 아니라는 것입니다.

우리는 살아가면서 꼭 한 번씩은 리더의 위치에 올라서거나 리더를 돕는 위치에 서게 됩니다. 많은 이들은 리더가 되기를 바랍니다. 리더만큼 힘 있는 권력자가 없기 때문입니다. 그러나 저는 리더가 되고 싶은 분들께 여쭙고 싶습니다. "당신의 리더십은 어떠한 권리, 권위, 그리고 권력의 순환구조를 갖추고 있나요?"

아직 자신만의 답이 없어도 괜찮습니다. 지금부터 제가 소개해드리려는 역사가 당신께 도움이 될 것이기 때문입니다. 저는 여러분께서 이 질문에 대한 답을 스스로 찾아내실 수 있도록 다음의 역사를 보여드리도록 하겠습니다. 그 역사는 바로 남아프리카공화국(남아공)에서 시행됐던 인종차별 정책인 아파르트헤이트Apartheid입니다.

잔인한 농부들의 탄생

남아공의 인종 분포율을 보면 흑인은 79% 그리고 백인은 9%에 해당합니다. [24] 남아공에 거주 중인 대부분의 백인은 아주 오래전부터 남아공에 정착했던 네덜란드계 사람들입니다. 남아공에서는 네덜란드 출신의 사람을 보어Boer인이라고 부릅니다. 보어는 네덜란드어로 농부를 뜻합니다. 사실 보어인은 1647년경 네덜란드 동인도회사의 배를 타고 향신료를 구하기 위해 인도로 향하고 있었습니다. 그러나 이들이 타고 있던 배는 남아공의 최남단인 희망봉The Cape of Good Hope에서 좌초되고 맙니다.

　그런데 어떻게 보면 보어인에게는 배가 좌초됐던 것이 행운이었던 것 같습니다. 왜일까요? 남아공의 땅이 너무 기름지고 좋아서 이곳을 네덜란드의 식민지로 삼기에는 최고였기 때문입니다. 그래서 보어인은 생각했습니다. "세상에, 여기 너무 좋은데? 여기서는 그 어떤 농사를 지어도 되겠어! 그냥 인도 가지 말고 여기서 살면 되겠다!"

이 생각과 함께 보어인은 1652년부터 네덜란드 동인도회사의 지원을 받아 희망봉을 포함한 케이프타운에서 식민지 사업을 운영하기 시작했습니다. 그러나 이 땅을 호시탐탐 노리고 있던 또 다른 농부가 있었습니다. 영국입니다.

영국은 명실상부한 해양 강대국으로서 아주 오래전부터 해상 실크로드의 핵심 지역이었던 케이프타운을 차지하고 싶었습니다. 그러나 영국에게는 보어인을 내쫓고 케이프타운을 차지할 만한 명분이 없었습니다. 그래서 영국은 약 150여 년이라는 시간 동안 마땅한 대안이 없다가, 마침내 한 가지 묘안을 생각해 내게 됐습니다. 바로 다음의 논리를 통해서 말입니다.

"잠깐, 지금 나폴레옹 전쟁(1803부터 1815년까지 프랑스와 대(對) 프랑스 동맹 사이에서 벌어진 전쟁으로 근대 유럽을 탄생시킨 전쟁으로 알려져 있습니다.) 때문에 네덜란드가 프랑스 점령하에 있지? 그럼 우리가 나폴레옹 전쟁에서 이기기만 하면, 네덜란드가 가지고 있던 땅은 합법적으로 가져올 수 있겠네? 좋았어! 전쟁에서 이긴 다음 케이프타운을 차지하자. 대신에 우리도 그사이에 케이프타운을 한번은 침공해야겠어. 그래야 보어인도 우리가 얼마나 무서운 존재인지 알 수 있을 테니까 말이야."

절호의 기회를 노리고 있던 영국은 나폴레옹 전쟁에서 승리를 거두었던 1814년경 네덜란드와의 조약 및 빈 회의Congress of Vienna를 통해서 케이프타운을 영국의 일부로 합병할 수 있었습니다. 그러나 영국 때문에 자신들의 터전을 잃게 된 보어인은 어쩔 수 없이 케이프타운의 인근 지역이었던 트란스발, 오렌지강으로 터전을 옮길 수밖에 없었습니다. 이들은 이곳을 각각 트란스발 공화국, 오렌지 자유국으로 명명했습니다.

그런데 이게 무슨 일인가요? 1867년 보어인이 세웠던 오렌지 자유국에서 엄청난 양의 다이아몬드가 발견된 것입니다! 그리고 겹경사로 1884년에는 트란스발 공화국에서 금 광산이 발견됐고요! 생각지도 못했던 곳에서 노다지를 발견한 보어인들은 놀랄 수밖에 없었습니다. 영국 때문에 터전을 옮겼던 것인데, 오히려 영국 덕분에 공짜로 보석을 얻을 수 있게 됐기 때문입니다.

그러나 공짜 보석을 보고 가만히 있을 영국이 아니었습니다. 보어인들이 다이아몬드와 금을 발견했으니, 영국은 또다시 전쟁을 치러서라도 채굴권을 독점하고 싶었기 때문입니다. 그리하여 채굴권을 독점하기 위해 벌어진 전쟁이 있었으니, 그것이 바로 1899년에 영국과 보어인 사이에서 벌어진 제2차 보어 전쟁입니다. (제1차 보어 전쟁은 1880년~1881년에 일어났으며 이 전쟁으로 보어인들이 세운 트란스발 공화국과 오렌지 자유국은 독립을 인정받았습니다. 제2차 보어 전쟁은 채굴권 독점을 위해 벌어진 전쟁입니다.)

보어 전쟁으로 남아공의 남부와 중부 지역은 쑥대밭이 되어버렸고, 보어 전쟁은 결국 영국의 승리로 끝이 났습니다. 그러나 보어인은 이 전쟁에서 패배라는 결과보다 더 가슴 아픈 결과를 받아들여야 했습니다. 그것은 다름 아닌 약 2만 7천여 명에 달하는 보어인 아동과 여성의 죽음이었습니다.

사실 영국은 보어 전쟁을 치르는 동안 수많은 보어인 아동과 여성을 강제 수용소에 가뒀습니다. 영국은 이들에게 식량도 제공하지 않았습니다. 굶어가는 가족을 볼모로 삼아 보어인 병사들의 항복을 얻기 위해서였습니다. 보어인 병사들은 가족이 아사(餓死)로 죽어가는 것을 목격했습니다. 그러니 한번 생각해보세요. 보어인에게 어떤 감정이 들겠는지요? 당연히 극도의 반(反)영감정을 가질 수밖에 없겠지요.

당시의 서구사회도 이러한 영국의 잔혹함을 크게 비판했습니다. 이것은 도저히 인간으로서는 상상할 수도 없는 악행이었기 때문입니다. 그러나 비판이 쏠리니 영국은 이제 슬슬 눈치를 볼 수밖에 없었습니다. 그리고 영국은 더 큰 비판을 피하고자 새로운 해결책을 생각할 수밖에 없었습니다.

당시의 영국은 이런 생각을 했습니다. "여론의 비판이 생각보다 너무 강해. 이쯤에서 그냥 보어인이 세운 국가를 남아프리카 연방(남아 연방)에 포함해 버리고, 이들을 하나의 주권국가로 인정해줘야겠어." 영국은 자신들이 의도한 대로 1910년에 남아프리카 연방을 만들고 1931년 웨스트민스터 헌장을 통해 남아프리카 연방을 영국 자치령 국가로 인정해주었습니다.

영국의 자치령 국가가 된 남아프리카 연방은 1939년경 영국의 동맹국으로서 제2차 세계대전에 참전했습니다. 그러나 제2차 세계대전에 참전했던 남아 연방의 보어인들은 전쟁이 끝나고 고국에 돌아온 뒤 한 가지 공통적인 반응을 보이기 시작했습니다. 그것은 다름 아닌 아파르트헤이트Apartheid 정책을 향한 보어인의 열렬한 지지였습니다.

'악'의 열매, 아파르트헤이트

아파르트헤이트는 보어인의 모국어였던 아프리칸스어로 분리를 뜻합니다. 그런데 여러분, 한번 잘 생각해보세요. 왜 보어인은 제2차 세계대전이 일어났을 당시 인종차별 정책의 필요성을 제시했던 것일까요? 그것은 보어인들이 전쟁에 참전할 동안 이들의 일자리를 흑인과 다른 유색 인종이 대신했기 때문입니다. 한마디로 보어인들이 봤을 때는 자신이 목숨 걸고 전쟁터에서 싸울 동안 흑인과 유색 인종이 밥그릇을 빼앗은 것이지요.

보어인은 이러한 현실에 분노를 표출할 수밖에 없었습니다. 그래서 이들은 이때부터 아파르트헤이트 정책의 열렬한 지지자가 됐던 것입니다. 그런데 이렇게만 본다면 마치 아파르트헤이트의 시작이 제2차 세계대전이라고 생각하실 수 있을 것 같습니다. 그러나 사실 아파르트헤이트라는 단어는 1917년에 최초로 등장했습니다. 이 단어를 처음으로 사용한 정치인이 있습니다. 얀 스뮈츠입니다.

얀 스뮈츠는 제2차 세계대전이 일어났을 당시 남아프리카 연방의 수상을 역임하고 있었고, 그는 본래 남아프리카당 출신의 정치인이었습니다. 얀 스뮈츠가 총리가 될 수 있었던 데에는 남아프리카당과 국민당의 합당이 1934년에 이루어졌기에 가능했습니다. 사실 당시의 국민당은 남아 연방 내에서 극우주의 보어인의 열렬한 지지를 받고 있던 정당입니다. 그런데 이런 극우주의 보어인이 국민당과 남아프리카당의 합당을 찬성했던 데에는 이유가 있습니다. 네, 역시 돈이 문제였습니다. 그 이유는 바로 미국발 경제 대공황을 극복하기 위해 국민이 두 당의 합당을 원했기 때문입니다.

합당된 당의 이름은 연합당입니다. 연합당이 처음으로 창당됐을 때 남아 연방의 수상은 국민당 출신의 제임스 헤르초흐였습니다. 제2차 세계대전이 발발했던 1939년경 헤르초흐는 남아 연방이 중립적 입장을 취해야 할 것을 주장했습니다. 이에 반해 스뮈츠는 연합국 편에 서서 남아 연방 또한 전쟁에 참전해야 할 것을 주장했습니다. 결국 의회에서는 스뮈츠의 의견이 받아들여졌고, 이에 따라 헤르초흐는 사퇴할 수밖에 없었습니다. 그리고 이러한 과정을 통해 남아 연방의 새로운 총리로서 스뮈츠가 선출될 수 있었던 것입니다.

그러나 여기서 한 가지 놀라운 일이 벌어집니다. 스뮈츠 총리가 제2차 세계대전이 발발하고 나서는 아파르트헤이트 정책에 대해 다소 온건한 입장을 보이기 시작했기 때문입니다. 흥미롭지요? 자, 질문입니다. 스뮈츠 총리는 왜 갑자기 마음을 바꾼 것일까요? 그것은 바로 권리, 권위, 그리고 권력의 메커니즘이 작용했기 때문입니다.

민주주의 국가에서는 싫든 좋든 국민의 투표를 통해서 정치인을 선출할 수밖에 없습니다. 그래서 정치인이 더 큰 권력을 갖기 위해서는 그에 맞는 국민의 지지 세력을 확보해야만 합니다.

이것을 좀 더 권리, 권위, 권력의 순환구조 논리를 통해서 설명해보겠습니다. 국민이 정치인에게 더 많은 지지를 보일지 말지를 고민하는 것은 오로지 국민의 권리입니다. 그래서 정치인은 자신의 지지 세력을 확보하기 위해서라도 지지 세력의 입맛에 맞는 정책을 낼 수밖에 없습니다. 그래야지만 권위가 있는 지지 세력이 정치인에게 권력을 빌려주기 때문입니다.

스뮈츠가 당 차원에서 지지 세력을 얻고 싶었다면, 스뮈츠는 얼마든지 보어인의 입맛에만 맞는 정책을 내세웠으면 됩니다. 그러나 국가를 통솔하는 스뮈츠 총리의 입장에서는 이야기가 달라집니다. 그의 무대는 이제 더 이상 당에 국한되는 것이 아니라 국가 전체에서 펼쳐지기 때문입니다. 이는 즉 스뮈츠 총리가 백인의 지지를 넘어 흑인과 다른 인종의 지지도 얻어야만 자신의 권력을 유지할 수 있었다는 것을 의미합니다.

이런 이유로 스뮈츠 총리는 제2차 세계대전이 한창이었을 당시 인종차별 정책을 다소 완화할 수밖에 없었습니다. 그뿐만이 아닙니다. 전쟁이 발발한 후 남아 연방은 군수 물자를 생산하며 기존의 경제를 회복할 수 있었습니다. 이는 즉 경기가 회복되면서 흑인, 유색 인종의 정치적 목소리가 확대됐다는 것도 의미합니다.

보어인과 국민당은 스뮈츠 총리의 온건 정책을 보며 자신들의 정치색이 흐려지고 있다고 판단했습니다. 그리하여 이때부터는 스뮈츠 총리의 자리를 노리고 있던 새로운 정치인들이 등장했으니, 그들은 바로 국민당 출신의 다니엘 프랑수아 말란과 헨드릭 페르부르트입니다. 이들이 스뮈츠 총리를 몰아내기 위해 제일 먼저 시행했던 것은 국민당을 연합당으로부터 탈당시켜서 새로운 독립 정당을 세우는 것이었습니다. (새로운 독립 정당 이름도 국민당이었습니다.)

국민당을 독립시키려는 모습을 보고 있던 극우주의 보어인 청년은 말란과 페르부르트를 극찬하며 다음과 같은 지지를 보여주었습니다. "아, 이제야 속이 좀 시원하구먼! 흑인이랑 유색인도 우리 국민이라고? 이것들이 진짜 장난하나! 스뮈츠, 너 때문에 우리가 목숨 바쳐 남의 나라까지 가서 싸웠는데, 네가 뭐라고 우리 보어인이 만들어 놓은 질서를 엉망으로 만들어? 기껏 살아서 돌아왔더니, 내 일자리를 미개인들이 넘봐? 안 되겠어. 이번 총선에서 새롭게 독립한 국민당을 지지해야겠어!"

스뮈츠 같은 권력자는 보어인 청년 몇 명의 발언으로는 자신의 위치가 흔들리지 않을 거라고 생각했을 수도 있습니다. 그러나 여러분, 제가 누누이 말씀드리지만 권력은 자신의 지지 세력으로부터 잠깐 그 힘을 빌리는 것이지 권력자의 영원한 소유물이 아닙니다. 젊은 보어인 청년은 권리, 권위, 그리고 권력의 메커니즘을 그 누구보다도 잘 알고 있었습니다. 그러므로 이들은 실제 1948년에 치러진 총선에서 권위 있는 사람이 얼마나 무서운 권리를 행사할 수 있는지 똑똑히 보여주었습니다. 바로 다음의 순서를 통해서 말입니다.

첫 번째 : 투표권을 가진 보어인은 연합당에 빌려주었던 자신들의 권력을 되찾는다.

두 번째 : 그들은 누구에게 권력을 빌려줄지 고민한다.

세 번째 : 보어인은 극우 사상의 끝을 보여주는 새로운 국민당에게 자신의 힘을 빌려주기로 결심한다.

네 번째 : 바라던 대로 국민당이 승리를 거뒀다.

다섯 번째 : 이제부터는 국민당이 보어인에게 어떤 열매를 가져와 주는지 지켜본다.

여섯 번째 : 국민당이 기대 이상의 열매를 가져왔다. 바로

아파르트헤이트 정책으로.

놀랍지만 이 장면은 제가 고등학교 2학년 시절 수학 시간 때 선생님 몰래 읽고 있던 남아공 역사책의 일부 내용입니다. 저는 이 책을 읽기 전까지 아파르트헤이트 정책이 이렇게 무서운 과정을 거쳐서 탄생했는지 몰랐습니다. 그러나 이날은 제 인생에 있어서 절대로 잊을 수 없는 날입니다. 저는 이날 제가 행사할 수 있는 권리가 어떤 권위를 창출하고, 그 권위를 통해 어떤 권력을 양산해낼 수 있는지 난생처음으로 깨달았기 때문입니다. 저는 이를 계기로 태어나서 처음으로 공부라는 것을 제대로 해봐야겠다는 다짐을 했습니다. 그리고 그 다짐을 갖고 구매했던 책이 있습니다. 역사학자 폴 케네디 교수가 쓴 《강대국의 흥망 The Rise and Fall of the Great Powers》입니다.

권력 집중화와 권력 견제의 실종

대학 입시를 준비해야 하는 고등학생이 따로 시간을 빼서 무려 678페이지가 넘는 원서를 읽는다는 것은 여간 어려운 일이 아니었습니다. 그래서 정말 부끄럽게도, 저는 이 책을 약 1년 반에 걸쳐서 읽었습니다. 그러나 저는 결코 그 시간이 아깝지 않습니다. 저는 이 책을 통해서 한 가지 교훈을 얻었기 때문입니다. 제가 얻은 교훈은 이렇습니다. "모든 권력은 균형과 견제가 있어야만 건강하게 존재할 수 있다." 이는 즉 권력이 한쪽으로 집중되는 순간, 우리의 권리, 권위, 그리고 권력의 순환구조는 처참하게 무너진다는 것을 의미합니다.

1948년 총선에서 국민당 소속의 말란과 페르부르트는 보어인의 대대적인 지지를 얻으며 승리를 거뒀습니다. 그리하여 말란은 새로운 내각의 총리로서, 그리고 페르부르트는 원주민 문제 담당 장관으로서 임명됐습니다. 사실 권력의 서열로만 따지자면, 말란이 페르부르트보다 위에 있었습니다. 그러나 아파르트헤이트 정책의 측면에서만 보자면, 페르부르트가 말란보다 훨씬 더 잔인한 면모를 보였습니다. 그리고 이러한 페르부르트의 잔혹함은 그가 1958년 남아프리카 연방의 새로운 총리로 임명되면서 더 극을 치달았습니다.

페르부르트는 아파르트헤이트 정책의 아버지라는 별명을 가지고 있을 정도로 아주 무서운 인종차별 정책을 법제화하는 데 앞장섰습니다. 그가 대표적으로 법제화한 정책은 다음과 같습니다. '인종 간 혼인 금지법, 흑인과 백인 간 성관계 금지법(배덕법), 흑인의 통행 금지법, 흑인의 시설 이용 금지법, 흑인 자치 정부 촉진법, 흑인 차별 대학 교육 확장법, 등등.'

법안의 이름만 봐도 느껴지지만 그의 법안들은 정말 할 말을 잃게 만듭니다. 그런데 여러분, 이보다 더 무서운 게 뭔지 아시나요? 그것은 페르부르트가 정치인이 되기 전에는 아주 유명한 응용심리학자이자 사회진화론자였다는 것입니다. 한마디로 대학교수였다는 것이지요. 그런데 그런 좋은 머리를 가지고 사람을 차별하는 데에 썼다니… 이래서 리더는 학벌이 중요한 게 아니라 인성이 중요한 것입니다. 좋은 대학 나와봤자 뭐하나요? 머리에 든 게 선한 것이 아닌 악한 쓰레기라면 그 지식은 이미 썩은 지식인데 말이지요.

사실 페르부르트에게 있어서는 이상한 게 한둘이 아니었습니다. 페르부르트는 다른 정치인들과는 다르게 네덜란드 본토에서 태어나 남아 연방으로 이민을 왔던 사람입니다. 그의 가족은 보어 전쟁이 일어났을 당시 네덜란드계 보어인을 위해 하나님의 사랑을 전해야 한다는 사명으로 남아프리카 연방에 왔던 것입니다. 페르부르트의 가족은 네덜란드 개혁 교회 출신의 독실한 기독교 신자였습니다. 그런데 여러분, 저는 페르부르트가 독실한 기독교인이었다는 사실을 보고 이런 생각을 했습니다. "페르부르트, 도대체 당신이 의미하는 하나님은 보어인만을 사랑하는 하나님인가요?"

제가 이런 생각을 하게 된 데에는 이유가 있습니다. 제가 아는 창조주는 보어인뿐만이 아니라 세상에 존재하는 모든 생명을 사랑하시기 때문입니다. 내가 소중하면 남도 소중한 것입니다. 그래서 기독교에서는 "믿음, 소망, 사랑 중에 사랑이 제일이다"라는 성경 구절이 있을 정도로 사랑을 중시합니다. [25) 그러나 페르부르트가 의미했던 믿음, 소망, 사랑은 대단히 왜곡됐던 것 같습니다. 그리고 그는 자신이 얼마나 왜곡된 사람인지를 흑인 자치 정부 촉진법을 홍보하는 과정에서 똑똑히 보여줍니다. 바로 이렇게 말입니다.

"존경하는 보어인 여러분, 우리가 누구입니까? 우리는 남아프리카의 진정한 주인인 보어인입니다. 그동안 우리는 영국으로부터 온갖 고난과 핍박을 받아왔고 이제는 흑인들까지 우리의 혈통을 넘보려 합니다. 여러분, 우리의 피는 그 누구보다 순수하고 깨끗합니다. 그런데 감히 그 누가 우리의 피를 더럽힐 수 있나는 말입니까? 그래서 저 페르부르트는 우리 보어인의 순수 혈통을 지키기 위해, 흑인이 흑인을 위한 나라를 만들 수 있도록 최선을 다해 도울 것입니다. 자, 여러분! 흑인의 독립을 위해 흑인 자치 정부 촉진법을 지지해주세요!"[26]

응용심리학자는 벌써 사용하는 어휘가 다릅니다. 흑인 자치 정부 촉진법이라는 단어. 겉으로 봤을 때는 좋은 뜻인 것 같습니다. 그런데 그 속내도 그럴까요? 절대 그렇지 않습니다. 보어인은 보어인만이 진정한 남아프리카의 후손이라고 굳게 믿고 있었습니다. 이는 즉 흑인 자치 정부 촉진법은 다음의 의미를 담고 있었다는 것을 뜻합니다. "흑인, 너희가 남아프리카의 주인이라고 생각해? 웃기고 있네. 그러니까 너네는 너희 국가 만들어서 나가버려. 여기는 우리 땅이야."

이런 이유를 토대로 보어인은 흑인 자치 정부 촉진법을 적극적으로 지지했습니다. 페르부르트는 1959년에 이 법안을 통과시켰고, 흑인은 이때부터 총 10개의 독립 보호구역에서만 거주할 수 있었습니다. 보어인은 한동안 행복했습니다. 그렇게 원하던 자신만의 세상을 갖게 됐기 때문입니다. 그러나 이것은 남아 연방의 생명을 잃어가는 첫 신호였습니다. 이곳에서는 썩은 권력을 견제할 수 있는 권리와 권위가 상실됐기 때문입니다.

권리와 권위 없는 공화국

흑인 자치 정부 촉진법이 통과되자 흑인은 더 이상 이 상황을 가만히 두고 볼 수 없었습니다. 그런데 영웅은 난세에 태어난다는 말이 있잖아요? 그렇습니다. 이 시기가 바로 그 유명한 넬슨 만델라와 남아공의 또 다른 영웅이었던 올리버 탐보가 흑인의 영웅으로서 탄생했던 시기입니다.

이들은 본래 아프리카민족회의 ANC라는 청년 운동 단체를 만들어 이미 오래전부터 평화적인 방법을 통해 인종차별 정책에 대항하고 있었습니다. 그러나 페르부르트는 넘지 말아야 할 선을 넘었습니다. 그래서 만델라와 탐보는 민족의 창이라고 불리는 군사 조직을 만들어 무력을 동반한 반(反)아파르트헤이트 운동에 가담했습니다.

우리는 여기서 또 하나 주목해야 할 것이 있습니다. 그것은 바로 이 시기에 소수의 백인도 아파르트헤이트 저항 운동에 활발히 참여했다는 것입니다. 백인으로서 반아파르트헤이트 운동에 참여했던 대표적인 인물은 법조인이었던 알비 삭스와 언론인이었던 루스 퍼스트가 있습니다. 알비 삭스와 루스 퍼스트는 유대계 가문 출신의 백인으로서 이들은 보어인은 아니었습니다.

그러나 이들은 각각 법조계와 언론계에 종사하고 있었습니다. 그래서 이들은 그 누구보다도 각자의 분야에서 큰 영향력을 발휘할 수 있었습니다. 물론 나중에는 너무 활발히 참여한 나머지 남아 연방에서 쫓겨나게 됐지만요. (삭스는 추후 귀국하여 남아공 초대 헌법재판관이 됩니다.)

페르부르트는 반아파르트헤이트 운동 단체가 우후죽순으로 생겨나는 것을 보며 그의 권력에 흠집이 생길까 두려웠습니다. 그래서 그는 이들을 처단하기 위해 다음의 명령을 내렸습니다. "만델라? 감옥에서 죽을 때까지 나오지 말라고 해! 탐보? 지금 망명 중이지? 죽을 때까지 오지 말라고 해! 삭스랑 퍼스트. 얘들이 문제야. 같은 백인이면서 우리를 배신해? 참, 얘들은 보어인이 아니라 유대인이지? 유대인 주제에 우리 민족을 건드려? 보안정보국장, 삭스랑 퍼스트는 아예 폭탄으로 없애 버려!"

보안정보국은 페르부르트로부터 명령을 받았지만 함부로 움직일 수 없었습니다. 남아 연방이 아직은 영국 자치령에 속해 있었기 때문입니다. 영국은 이미 오래전부터 페르부르트의 움직임을 주시하고 있었습니다. 페르부르트가 남아 연방의 리더로 있는 한 아파르트헤이트 정책은 폐지되지 않으리라고 예견했기 때문입니다. 그래서 당시의 영국 총리였던 해럴드 맥밀런은 남아 연방을 방문했을 당시 변화의 바람The Wind of Change이라는 연설을 통해 남아 연방에 경고 메시지를 보냈습니다.

"변화의 바람이 아프리카 대륙에 불고 있습니다. 아프리카의 민족의식은 성장하고 있습니다. 우리는 싫든 좋든 이러한 정치적 현실을 받아들여야만 합니다."[27]

이미 이성을 잃은 페르부르트는 영국의 경고를 듣고 오히려 크게 기뻐했습니다. 지금 이 시기야말로 남아 연방을 영국으로부터 완전히 독립시킬 절호의 기회라고 생각했기 때문입니다. 페르부르트는 1960년 백인에게만 투표권을 부여하여 국민투표를 진행했습니다. 이 투표의 목적은 남아 연방의 영연방 탈퇴였습니다. 결과는 어땠을까요? 백인을 제외한 모든 인종의 투표권을 박탈했으니 당연히 결과는 탈퇴 찬성이 높을 수밖에 없었습니다. 그러므로 남아 연방은 1961년 영연방으로부터 공식 탈퇴를 했고, 이로써 남아 연방은 남아프리카공화국(남아공)이라는 새 이름으로 재탄생할 수 있었습니다.

남아공은 이제 영국의 눈치를 볼 필요가 없었습니다. 이는 즉 보안정보국도 더 이상 영국의 눈치를 볼 필요가 없었다는 것을 의미합니다. 그런데 눈치를 볼 필요가 없으면, 원하는 것을 마음대로 해도 된다는 뜻이잖아요? 그런 의미에서 페르부르트는 이미 오래전부터 삭스와 퍼스트를 제거하라는 명령을 내린 적이 있습니다. 그것도 폭탄으로 말이지요. 그럼 이 명령을 받았던 보안정보국은 실제로 삭스와 퍼스트를 폭탄으로 제거하려고 했을까요?

놀랍지만 보안정보국은 1960년부터 쭉 삭스와 퍼스트를 감시하다가 1980년대에 들어서는 이들의 활동이 해외에서도 활발해지니, 실제로 비밀 요원을 시켜 그들을 폭탄으로 살해하려고 했습니다. 그리고 이들 중 퍼스트는 소포 폭탄을 받고 그 자리에서 안타깝게 즉사했습니다. (삭스는 팔을 잃었습니다.)

여러분께서는 이 장면을 통해 무엇을 느끼시나요? 저는 이 장면을 통해 한 사람의 독선적인 권력 그리고 한 지지 세력의 지나친 권위가 나머지 사람들의 권리 그리고 권위를 빼앗아 간 것을 보았습니다. 힘의 균형이 무너지면 모든 것이 무너집니다. 그런데 이 구조가 무너질 때 가장 큰 피해를 보는 사람들이 있습니다. 그것은 다름 아닌 우리입니다.

이해를 도모하기 위해 남아공이라는 나라를 하나의 큰 밭이라고 상상해보겠습니다. 제가 말씀드렸듯 권위는 밭이고 권력은 쟁기입니다. 예를 들어 보어인은 이 밭에서 9%의 지분만 갖고 있습니다. (남아공 인종 비율 중에 백인이 차지하는 비율은 9%이기 때문입니다.) 그러나 이 상황은 9%의 땅만 가진 보어인이 자신의 쟁기를 페르부르트에게 모조리 준 것과 똑같은 상황입니다.

이 상황에서 페르부르트는 쟁기를 든 농사꾼입니다. 그는 보어인들로부터 빌린 쟁기로 9%의 땅만 경작하고 있습니다. 그는 오로지 9%의 땅에만 씨를 뿌리고 물을 주고 있습니다. 땅 주인인 보어인은 페르부르트가 수확한 열매를 보며 기뻐합니다. 결과가 만족스러우니 보어인은 고민할 것도 없이 또다시 페르부르트에게 땅을 맡기려 합니다. 그런데 여기서 한 가지 궁금증이 듭니다. 그럼 나머지 91%의 땅은 어떻게 되는 것일까요?

뻔합니다. 농부가 91%의 땅은 신경도 안 쓰고 씨도 안 뿌리니, 당연히 91%의 땅에서는 열매가 자랄 리 없습니다. 열매가 자라나지 않는 땅은 소생력이 없습니다. 그래서 농부가 쟁기를 갖고 밭을 갈지 않으면, 그 밭은 점점 생명을 잃어갈 수밖에 없습니다. 그러나 우리는 여기서 한 가지 기억해야 할 것이 있습니다. 그것은 바로 91%의 땅이 죽으면 결국에는 9%의 땅도 죽는다는 것입니다. 한마디로 모든 가능성이 사라진다는 것입니다.

쟁기는 두 얼굴을 갖고 있습니다. 하나는 농기구라는 얼굴이고 또 다른 하나는 무기라는 얼굴입니다. 땅은 작은데 농사꾼에게 쟁기만 많아진다면, 농사꾼은 자신의 본분을 잊게 됩니다.

이제 그 쟁기는 더 이상 밭을 가는 데 사용되는 것이 아니라, 누군가를 해치는 무기로 사용되기 때문입니다. 그래서 견제를 잃은 권력은 권위와 권리를 상실할 수밖에 없습니다. 그리고 권리, 권위, 권력의 순환구조가 무너진다면, 그 권력은 권력이 아니게 됩니다. 그것은 오히려 나를 죽이는 무기가 되기 때문입니다.

독선자의 결말

1966년 9월 페르부르트는 백인 경비원의 기습 공격을 받고 사망했습니다. 갑작스러운 그의 죽음에 남아공 국민은 일제히 충격에 빠졌습니다. 페르부르트의 죽음은 국민당과 보어인에게 더 큰 충격으로 다가왔습니다. 자신들을 위해 열매를 수확해야 할 농부가 한순간에 사라져 버렸기 때문입니다.

정상적인 사람이라면 이제 정신을 차릴 만도 했을 것입니다. 그러나 국민당과 보어인은 그렇지 못했습니다. 그들은 자신이 누려왔던 권력을 유지하기 위해 더 잔인하면서도 혹독한 정치 노선을 타겠다고 다짐했기 때문입니다. 이를 위해 국민당과 보어인이 세웠던 전략이 있습니다. 그것은 다름 아닌 핵무기 개발이었습니다.

페르부르트가 사망했던 시점은 미국과 소련 간의 냉전이 절정에 치달을 때였습니다. 각 나라는 국제 정세 분석에 혈안이 되어 있었습니다. 특히 국제 사회는 남아공의 아파르트헤이트 정책 철폐에 관심이 많았습니다. 이 이유로 미국은 남아공의 인권유린을 규탄하기 위해 경제 제재를 가했고, 소련은 남아공 주변의 국가들과 손을 잡아 남아공을 벼랑 끝으로 몰고 있었습니다.

남아공은 다른 나라가 자신의 문제에 개입하는 것을 막기 위해서라도 핵무기를 개발하는 데에 집착할 수밖에 없었습니다. 어떻게 보면 당시의 남아공이 썼던 전략은 현재의 북한이 쓰고 있는 전략과 상당히 비슷합니다. 남아공이 실제로 1975년에 핵무기를 개발하면서, 국제 사회는 남아공을 더 이상 함부로 대하지 못했기 때문입니다.

페르부르트를 찬양했던 기성세대의 보어인은 이러한 남아공 신정부의 강경노선을 지지해주었습니다. 그러나 젊은 보어인은 달랐습니다. 이들은 남아공 정부에 환멸을 느끼며 새로운 탈출구를 찾기 위해 다른 나라로 이민을 떠났기 때문입니다. 그래서 미국을 비롯한 서구권은 젊은 보어인 청년이 남아공을 탈출하는 것을 보며 이때야말로 국제 사회가 아파르트헤이트 문제에 개입해야 하는 적기라고 판단했습니다.

다행히 남아공 내부에서도 마음을 바꾸고 있던 리더가 있었습니다. 그가 바로 넬슨 만델라와 함께 노벨 평화상을 수상했던 국민당 출신의 프레데리크 빌렘 데 클레르크 대통령입니다. 데 클레르크 대통령은 국제 사회로부터 경고 메시지를 받으며 이제 더 이상 보어인만을 위한 정책은 시대에 맞지 않는다는 것을 깨달았습니다. 그리하여 데 클레르크 대통령은 아파르트헤이트 정책의 철폐를 위해 큰 결정을 내렸습니다. 그것이 바로 1990년에 이루어진 만델라의 석방과 1992년에 승인된 모든 인종의 투표권 보장입니다.

권력의 본질과
농부가 해야 하는 일

이제 모든 인종이 투표권을 행사할 수 있게 됐으니 남아공은 새로운 역사의 장을 쓸 수 있었습니다. 그리고 그 역사의 시작은 1994년 총선 때 이루어진 ANC의 압승과 넬슨 만델라의 대통령 당선이었습니다.

만델라는 남아공의 새로운 농부가 됐습니다. 남아공의 새로운 농부로서 그는 대통령 취임 연설 때 이런 말을 남겼습니다. "우리는 자유의 길이 결코 쉽지 않다는 것을 알고 있습니다. 우리는 협동하지 않고서는 성공할 수 없다는 것을 압니다. 그러므로 우리는 남아공의 조화, 재건 그리고 새로운 세상의 협동을 위해 반드시 협력해야 합니다."[28]

그렇습니다. 우리는 서로 협력하지 않고서는 절대로 성공할 수 없습니다. 그리고 이것은 쟁기를 들고 밭을 갈아야 하는 모든 농부가 알아야 하는 협력의 중요성입니다. 사실 권력은 좋은 것입니다. 지혜롭게만 활용한다면, 권력은 선(善)을 창출하는 훌륭한 도구가 되기 때문입니다. 그러나 자신의 권력을 지키고 싶어서 페르부르트와 보어인처럼 다른 사람의 권리와 권위를 빼앗는다면, 그 권력은 절대 영원하지 못합니다. 한쪽으로 집중된 권력은 다양한 목소리가 창출하는 협력의 가치를 원천 봉쇄하기 때문입니다.

세상에서 제일 불쌍한 사람이 있습니다. 성장하면서 사랑받지 못한 리더입니다. 그런 리더는 자신이 무언가를 손에 쥐게 되면, 그 무언가를 절내 놓치지 않으려고 합니다. 그 혹은 그녀는 사랑과 집착을 구별할 줄도 모르기 때문입니다. 사랑받지 못한 리더는 자신의 손에 들어온 것을 영원한 소유물로 만들고 싶어 합니다. 그러나 탐욕에 눈이 멀어 자신의 손에 들어온 것을 집착하면 집착할수록 그것은 리더를 옥죄어 올 것입니다.

리더는 분명히 알아야 합니다. 자신이 현재 잡고 있는 권력은 아주 잠시만 누군가의 넓은 아량과 자비로 베풀어진 도구라는 사실을 말입니다. 그리고 그런 리더에게 힘을 나눠 주어 리더가 올바른 방향으로 나아갈 수 있도록 돕는 것은 결국 리더가 아닌 리더의 주변인이라는 사실을 말입니다.

리더의 권력은 한 사람의 집중된 힘이 아닌 여러 사람의 힘으로 탄생하는 협력적 산물입니다. 서로가 힘을 모아 드러나는 강함. 즉, 우리의 권리와 권위가 힘을 합치는 협력이 권력이고, 이 권력을 나누는 것이 리더가 실천해야 하는 권력의 본질입니다.

뭐든지 과하면 독이 됩니다. 그래서 과도한 집중은 집착이 되고, 집착은 파멸의 길로 당신을 이끕니다. 리더가 되고 싶으신가요? 그렇다면 당신은 쟁기를 든 농부로서 어떤 열매를 거둘 계획인가요? 다른 것은 바라지 않겠습니다. 저는 그저 당신이 많은 이들에게 가능성이라는 열매를 수확해주기를 바랄 뿐입니다. 사람은 가능성이라는 열매를 먹을 때 가능성 가득한 역사를 쓸 수 있기 때문입니다.

．
．
．
．
．

집중해야 할 것이 있고
집중 안 해야 할 것이 있습니다.
권력은 한쪽으로 집중되는 순간,
협력의 가능성을 파괴합니다.

집중해야 할 것을 알고 싶나요?
그럼 블랙아이드피스의 〈Where Is the Love?〉를 들어보세요.

"소통을 위해서는 서로가 지식을 쌓고 이해해야 합니다."

루이 브라유 (1809~1852)

이해하고
표현하기 위해
탄생한 브라유 점자

La beauté de comprendre

아름다움을
찾아가는 과정

.
.
.
.
.

그들이 바라보는 세상과 아름다움

하루는 친구가 제게 이기주 작가님께서 쓰신 《언어의 온도》라는 책을 선물로 주었습니다. 책의 서문에는 이런 문장이 있었습니다. "섬세한 것은 대개 아름답습니다. 그리고 예민합니다." [29] 이 문장을 보는 순간 저의 대학 시절이 생각났습니다.

2013년 가을 저는 레지던셜 컬리지 Residential College라고 하는 기숙사형 교육 시범사업의 조교로 일을 하고 있었습니다. 당시 저의 모교에는 지방에서 올라온 1학년 새내기들이 많았습니다. 그러나 지방에서 올라온 학생들이 서울 생활에 곧바로 적응한다는 건 무척 힘든 일이었습니다. 그래서 학교 측에서는 신입생들이 학교생활에 잘 적응하는 것을 돕기 위해서라도 해리포터 시리즈에 나오는 호그와트 스쿨 같은 기숙사를 만들고 있었습니다. (저는 서울 출신이긴 하지만 그리핀도르에 너무 들어가 보고 싶어서 맥고나걸 교수님의 비서 역할을 자처했다는 표현이 어울릴 것 같습니다.)

그때 후배들과 정말 많은 활동을 했습니다. 걸은 만큼의 거리를 돈으로 환산해서 사회에 기부하기도 했고, 기숙사 텃밭에서 키운 상추를 학교 주변의 어르신들께 드리기도 했습니다. 지금 생각해보면 정말 아름다운 추억들입니다. 그런데 이 중에서도 제가 가장 열심히 했던 활동이 있습니다. 낭독 봉사입니다.

낭독 봉사는 목소리를 기부하는 형태의 봉사인데, 이 봉사의 초점은 시각장애인분들을 위해 책을 녹음하는 활동에 맞춰져 있습니다. 지금은 누구나 쉽게 스마트폰으로 오디오북을 들을 수 있습니다. 그러나 10년 전만 하더라도 오디오북은 존재하지 않았습니다. 그래서 당시의 저는 시각장애인분들의 독서 활동을 장려하기 위해 후배들과 함께 낭독 봉사를 열심히 했습니다.

책을 녹음하는 데에는 두 가지 방법이 있습니다. 하나는 방음이 잘 되는 곳에서 직접 녹음을 하는 것이고, 다른 하나는 시각장애인 도서관에 가서 녹음을 하는 것입니다. 그때 당시 저는 김대현 작가님께서 쓰신 《홍도》라는 소설책을 기숙사 사무실에서 녹음하고 있었습니다. 그런데 하루는 기숙사 사무실에서 녹음을 하는 대신 직접 도서관에 가서 녹음을 하고 싶다는 마음이 들었습니다. 그래서 그날은 녹음 부스를 예약하고 직접 도서관에 가서 녹음을 했습니다.

낭독 봉사를 해보신 분들은 아시겠지만, 낭독은 생각보다 엄청난 힘을 필요로 합니다. 우선 낭독을 할 때는 청취자가 낭독자의 목소리에 거부감을 느끼지 않는 것이 중요합니다. 그래서 낭독을 할 때는 책에 맞는 목소리와 톤을 유지하면서 각주를 포함한 모든 내용을 하나도 빠짐없이 읽어야 합니다. 대체로 녹음을 할 때는 2시간 정도를 할애해야 합니다. 그래서 낭독을 끝내고 나면 온몸의 기력이 다 빠졌다는 것을 느낄 수 있습니다.

얼른 기운을 차리고자 도서관 근처에 있던 분식집에 갔습니다. 저는 개인적으로 참치김밥을 정말 좋아합니다. 그래서 저는 분식집에 갈 때마다 참치김밥을 시켜서 먹는 편입니다. 그런데 하필 그날은 참치김밥이 모두 다 팔린 상태였습니다. 배가 고파서 분식집에 왔던 것인데 갑자기 너무 슬퍼졌던 기억이 납니다. 제가 좋아하는 참치김밥이 모두 동이 났기 때문입니다.

아쉬워하고 있던 찰나 갑자기 뒤에서 누군가가 저의 팔을 툭툭 치면서 이렇게 인사를 했습니다. "안녕하세요? 실례지만 혹시 도서관에서《홍도》를 녹음해주시는 선생님이 맞으신가요?"

이 말을 듣고 정말 놀랐습니다. 제가《홍도》를 녹음하는 사람이 맞았기 때문입니다. 그분께서는 환한 미소와 함께 이렇게 답하셨습니다. "세상에, 우리 딸이 제대로 알아본 게 맞네요! 요즘에 우리 딸이 도서관에서《홍도》를 읽고 있는데, 어제도 딸 아이랑 같이 선생님께서 녹음해주신 파일 너무 잘 들었어요! 팔에 책을 끼고 계셔서 혹시나 했어요. 그런데 주문하실 때 목소리랑 녹음 파일에서 나오는 목소리가 똑같아서, 우리 딸이 바로 알아차린 것 있죠? 아 참, 우리 딸도 지금 저쪽에 앉아 있어요!"

이 말을 들었던 저의 기분은 참으로 묘했습니다. 저라는 존재를 단 한 번도 본 적이 없는 사람이 단지 목소리만 듣고 그 존재를 알아봐 주었기 때문입니다. 어머님께서는 이렇게 만난 것도 인연인데 함께 식사를 하자고 말씀해주시며 저를 따님과의 식사 자리에 초대해 주셨습니다.

정말이지 이 식사 자리는 제 일생일대에 가장 소중했던 식사 자리이기도 하면서, 제가 죽을 때까지 평생 잊지 못할 식사 자리일 것 같습니다. 저는 그날 두 모녀를 통해 아름다움의 의미를 온몸으로 깨달았기 때문입니다.

식사 중에는 이런 이야기가 오고 갔습니다. "엄마, 선생님은 목소리도 예쁘시니까 얼굴도 예쁘시겠지?" 정말 솔직히 말하자면, 저도 여자인지라 따님께서 이렇게 말씀해주실 때 기분이 너무 좋았습니다. 예쁘다는 소리는 언제 들어도 너무 좋기 때문입니다.

그러나 이 말을 듣고 계시던 어머님의 답변은 더더욱 놀라웠습니다. 어머님께서는 따님께 이렇게 말씀하셨기 때문입니다. "응, 선생님은 목소리도 예쁘신데 얼굴도 너무 예쁘시다. 선생님 머리카락은 짙은 갈색이면서 머리 길이는 딱 쇄골 부분에 멈춰 있어. 왼쪽 머리는 귀 뒤로 넘겨져 있는데, 엄마 눈에는 하얀색 진주 귀걸이가 보이네? 눈썹은 강아지풀처럼 짙은 편이면서 길이가 긴 편이야. 양쪽 두 눈에는 아주 여린 속쌍꺼풀이 있어. 눈동자는 정말 검고 커서 엄마는 선생님 눈이 제일 예쁜 것 같아. 코는 엄마 코끝처럼 약간 둥그스름해. 볼에는 솜털이 가득한데 코 밑에 있는 인중이랑 입술이 튤립같이 예쁘다. 우리 선생님은 정말 하나하나 다 예쁘시네?"

태어나서 저를 처음 본 사람이 제 얼굴을 너무나도 섬세하면서 아름답게 표현해줄 때의 그 느낌. 그 느낌은 경험해보지 않은 사람은 절대로 모를 것입니다. 너무나도 섬세하고 부드러워서 더 이상의 섬세한 표현은 찾으려야 찾을 수가 없기 때문입니다.

솔직히 과연 세상에 몇 명이나 저의 얼굴을 이렇게까지 자세하면서도 예쁘게 봐줄 수 있을까 싶습니다. 저에게 관심이 없는 이상 그 누구도 저의 눈, 코, 입 하나하나를 자세히 봐줄 리가 없기 때문입니다. 그러나 두 모녀는 달랐습니다. 어머님의 설명을 듣고 있던 따님은 이렇게 답했기 때문입니다. "엄마, 그건 예쁜 게 아니라 아름다운 거네."

저는 이 말을 듣기 전까지 살면서 단 한 번도 아름다움의 의미를 마음속 깊이 헤아려 본 적이 없었습니다. 그러나 저는 이날을 계기로 이런 생각을 하게 됐습니다. "이렇게 작은 것 하나도 아름답게 표현해주는 사람이라면, 이 사람은 세상을 얼마나 더 아름답게 봐줄까?" 저는 이 질문을 시작으로 시각장애인의 시점에서 바라보는 세상은 어떻게 다른지 알고 싶었습니다. 그리고 그들이 사용하는 문자인 점자를 통해 배웠습니다. 그들이 바라보는 세상은 굉장히 섬세하다는 것을요.

송곳으로 시작된 시련

혹시 엘리베이터에서 층수를 누르실 때 오돌토돌한 문양을 보신 적이 있으신지요? 네, 맞습니다. 점자입니다. 점자는 영어로는 브레일Braille 그리고 프랑스어로는 브라유Braille라고 부릅니다. 점자는 말 그대로 오돌토돌한 점들을 일정한 방식으로 양각해서 시각장애인이 손끝의 감각만으로 글을 읽을 수 있도록 도움을 주는 문자입니다.

브라유 점자는 사람의 이름에서 따왔는데, 이 점자를 만든 사람의 이름은 루이 브라유입니다. 브라유 점자는 거의 모든 국가에서 쓰이는 엄연한 공식 문자입니다. 그래서 알파벳을 사용하는 국가는 초등학교 1~2학년의 국어 시간에 학생들을 상대로 브라유 점자를 소개하고, 이 문자를 만든 루이 브라유의 역사에 대해서도 짧게 가르칩니다.

점자를 만든 루이 브라유는 1809년 1월 4일 프랑스 남부의 작은 마을인 쿠브레이에서 네 남매 중 막내아들로 태어났습니다. 그의 아버지는 마구간에서 말의 안장과 재갈을 만드는 장인이었고, 어머니는 밭에서 포도를 따는 농부였습니다.

브라유에게는 형이 1명, 누나가 2명이 있었습니다. 브라유와 남매들 간에는 나이 터울이 있었습니다. 11살 정도 차이가 났었지요. 어느 집도 마찬가지겠지만, 나이 차이가 크게 나는 남매들은 아무래도 막냇동생과 말을 잘 섞지 않습니다. 말이 잘 통하지 않기 때문입니다. 그래서 같이 놀 사람이 없던 브라유는 하는 수 없이 매일 아버지를 따라 마구간에 가거나 작업실에 가는 일이 많았습니다.

브라유의 생일은 1월 4일입니다. 1812년 1월 5일은 브라유가 3살이 된 지 딱 하루가 지난 날입니다. 예전에 구글에 검색을 해봤는데 1812년 1월 5일은 일요일이었습니다. 당시의 유럽 사람들은 마차를 끌고 다녔기 때문에 이들은 주로 토요일이나 일요일에 말 안장을 교체하거나 말발굽을 정리했다고 합니다. 브라유의 가족은 1월 4일이 브라유의 생일이었기 때문에 가게 문을 닫을 수밖에 없었습니다. 그리고 그런 이유로 브라유의 아버지는 브라유의 생일날 받아야 했던 손님들을 1월 5일인 일요일에 한꺼번에 받으실 수밖에 없었습니다.

손님들이 마구간에 문전성시를 이루니 브라유의 아버지는 브라유를 돌볼 틈이 없었습니다. 브라유는 아버지의 작업실에서 혼자 놀고 있었습니다. 그런데 브라유는 송곳을 보고 자신도 아버지처럼 말의 안장을 뚫어보고 싶던 것 같습니다. 브라유가 송곳을 들어 안장을 뚫으려 했는데, 이때 사고가 나고 맙니다. 가죽을 뚫으려고 했던 송곳이 힘의 반작용으로 인해 브라유의 왼쪽 눈을 찔렀기 때문입니다.

아이의 비명을 듣고 달려온 브라유의 아버지와 어머니는 얼른 브라유를 업고 집 근처에 있던 작은 병원에 갔습니다. 사실 브라유가 살고 있던 쿠브레이라는 시골 마을에는 종합병원이 없었습니다. 그리고 심지어 사고가 났던 날은 일요일이었습니다. 그래서 브라유의 가족은 대도시까지 나갈 여력이 안 됐기 때문에 브라유는 상처가 났던 시점에 제대로 된 치료를 받지 못했습니다.

아마 브라유가 도시에 있는 큰 병원으로 곧장 갔었다면, 브라유의 눈은 어느 정도 치료가 됐을 것입니다. 그러나 쿠브레이에서 대도시까지 이동하는 데에는 너무 많은 시간이 지체됐습니다. 브라유가 큰 병원에 도착했을 때는 이미 그의 왼쪽 눈이 완전히 시력을 잃은 상태였고, 그의 오른쪽 눈도 교감성 안염으로 시력을 잃어가고 있었기 때문입니다.

어둠에 적응해간다는 것

저는 어렸을 때 교회에서 친구들과 함께 어둠을 체험한 적이 있습니다. 당시의 저는 겁이 많은 소녀였습니다. 검은색 천으로 두 눈을 가리고 지팡이로 땅을 툭툭 치며 걷는데, 정말이지 이건 공포 그 자체였습니다. 거짓을 보태지 않고 분명히 저는 100m 정도를 걸었다고 생각했습니다. 그런데 막상 눈을 떴을 때는 5m도 가지 못했더군요.

심지어 그때는 길을 걷다가 넘어지는 것도 무서워서 종종걸음으로만 걸었던 기억이 납니다. 그런데 뒤에 있던 친구는 저의 속도에 답답함을 느꼈던 것 같습니다. 친구가 막대기로 제 발목을 툭 쳤기 때문입니다.

아무것도 보이지 않는 상태에서 누군가가 건드린다는 것은 어린 저에게 큰 공포로 다가왔습니다. 아마 브라유도 저의 마음과 비슷하지 않았을까 싶습니다. 고작 15분 정도 어둠을 체험하는 것도 이렇게 무서운 경험이었는데, 브라유는 앞으로 평생을 이렇게 살아야 했기 때문입니다. 그러나 저의 생각과는 반대로 브라유는 오히려 어둠보다 사람들의 동정 어린 시선이 더 무서웠다고 합니다. 시력을 잃어서 다른 감각들이 예민해진 덕분에 브라유는 청각을 통해 사람들의 수군거림을 더 자세하게 들을 수 있었기 때문입니다.

이런 주변의 시선 때문에 브라유의 가속은 걱정하기 시작했습니다. 명랑한 성격을 가졌던 브라유가 점점 내성적으로 변해

갔기 때문입니다. 이 이유로 그의 가족은 브라유에게 뭔가 새로운 변화가 필요하다고 생각했습니다. 그때부터 그의 부모님께서 브라유에게 강조했던 생활 습관이 있습니다. 그것은 바로 세세하게 모든 것을 관찰하고 느끼는 습관입니다.

세세한 관찰과 예민한 감각은 사실 낭독 봉사자들에게 요구됐던 핵심 사항 중 하나이기도 합니다. 예전에 낭독 봉사 교육을 받을 당시 강사님께서 강조하셨던 부분이 있습니다. "여러분, 우리는 저기 있는 소금 좀 달라고 하면, 쉽게 그 소금을 줄 수 있습니다. 그리고 근처에 편의점이 어디에 있냐고 물어보면, 그냥 저쪽으로 가면 된다고 말합니다. 그러나 시각장애인에게는 더 자세한 설명이 필요합니다. 어둠 속에서는 시각적인 방향이 존재하지 않기 때문입니다. 그래서 여러분께서 낭독을 하실 때는 세세한 정보까지 모두 녹음해주시는 게 가장 중요합니다."

비시각장애인들에게는 하나도 빠짐없이 모든 것을 설명해줄 필요가 없습니다. 오히려 배려하는 마음을 갖고 자세하게 설명해주면 무례한 이들은 "누가 모르니?"라는 상처가 되는 말을 하기도 합니다. 그러나 앞이 보이지 않는 사람에게 자세히 정보를 전달하는 것은 그 사람에게 나침반을 쥐여주는 것과 같습니다. 자세히 설명해주지 않으면, 그들은 일상생활 자체에 지장을 받기 때문입니다.

그런 점에서 세세함의 중요성을 알고 있던 브라유의 가족은 그가 비시각장애인과 동등한 수준으로 생활을 할 수 있도록 최대한 많은 것을 자세히 알려주었습니다. 그 덕분에 브라유는 7살이라는 어린 나이에도 이미 스스로 많은 것을 해결할 수 있었습니다. 그러나 이런 능력은 오로지 생존에 필요한 능력들이었습니다. 한마디로 교육적인 면에서는 다른 사람의 도움이 필요했다는 것을 의미합니다.

다행히 교육적인 측면에서 브라유에게는 자크 파뤼 신부님이라는 멘토가 있었습니다. 파뤼 신부님은 브라유에게 알파벳과 프랑스어, 음악, 수학을 가르쳐 주신 분입니다. 그런데 파뤼 신부님은 브라유를 가르치면서 한 가지 사실을 발견할 수 있었습니다. 그것은 브라유가 또래의 아이들보다 훨씬 뛰어난 학습 능력을 갖고 있었다는 것입니다.

브라유의 성장 잠재력을 알아본 파뤼 신부님은 브라유의 부모님께 이런 제안을 했습니다. "댁의 아드님은 또래의 학생들보다 좋은 학습 능력을 갖추고 있습니다. 비록 앞이 보이지 않아서 남들보다 더 오랜 학습 시간을 가실 수는 있겠습니다. 그러나 청각과 촉각에는 아무런 문제가 없으니, 이참에 브라유가 파리에 있는 맹아 학교에 가서 더 많은 것들을 배워보는 것이 어떻겠는지요? 입학에 필요한 절차는 제가 돕도록 하겠습니다."

앞이 보이지 않는 어린 아들을 혼자 파리에 보내는 것이 내심 걱정이었던 브라유의 부모님은 이 제안을 고민할 수밖에 없었습니다. 지금은 가족과 함께 있어서 별다른 문제가 없지만, 혼자서는 일상생활을 하는 게 어려울 수도 있다고 판단했기 때문입니다. 그러나 브라유의 부모님은 아들에게 성장의 기회를 제공하고 싶었습니다. 그리고 그 덕분에 브라유는 파리 신부님의 도움을 받아 그가 10살이 됐을 무렵 파리 왕립 맹아 학교에 입학할 수 있었습니다.

파리 왕립 맹아 학교의 우등생

당시에는 전 세계적으로 맹아 학교가 존재하지 않았습니다. 브라유가 입학했던 파리 왕립 맹아 학교는 전 세계 최초로 세워진 특수 교육 기관입니다. 파리 왕립 맹아 학교는 발랑텡 아우이라는 교육자가 1784년에 설립했습니다. 그러나 아무리 좋은 뜻을 갖고 학교를 설립했다고 하더라도, 이곳의 공부 환경은 열악하기에 그지없었습니다. 이유는 너무나도 간단합니다. 지금도 그렇지만 당시의 사람들은 장애인을 위한 교육, 시설 투자에는 별다른 관심이 없었기 때문입니다. 그래서 이 학교의 건물은 프랑스 혁명 때 죄수들을 가두었던 감옥으로 쓰인 건물이었고, 학생들이 읽을 수 있던 책은 고작 14권밖에 없었습니다.

여기서 "책이 14권밖에 없는데 학교를 설립했다고?"라고 물으실 수도 있을 것 같습니다. 당시에는 시각장애인만을 위한 문자와 책이 출판되지 않았습니다. 그래서 돈이 많은 시각장애인이 아닌 이상 일반 시각장애인들은 취미로 책을 읽을 수조차 없었습니다. 그나마 다행이었던 것은 파리 왕립 맹아 학교의 설립자였던 발랑텡 아우이가 시각장애인 학생들을 위해 돋을새김 문자Embossing Letter라는 특수 문자를 만들었다는 것입니다.

돋을새김 문자는 구리 선을 종이에 꾹 눌러서 손으로 만졌을 때 알파벳이 아주 크게 느껴지도록 만드는 문자입니다. 마트에서 파는 엠보싱 휴지를 생각해보시면 됩니다. 엠보싱 휴지의 특징은 휴지를 꾹 눌렀을 때 쿠션감이 두껍게 느껴진다는 것입니다. 그래서 간혹 몇몇 시각장애인은 이 문자를 설명할 때 돋을새김 문자라는 용어 대신 엠보싱 문자라는 용어를 쓰기도 합니다. 그만큼 알파벳을 만졌을 때 깊은 촉감을 통해서 글자를 해독할 수 있기 때문입니다.

돋을새김 문자는 대체로 한 글자의 크기가 대략 7㎝ 정도를 차지합니다. 이 말은 즉 이 문자를 사용하기 위해서는 책도 당연히 클 수밖에 없고 무거울 수밖에 없다는 것을 의미합니다. 그러나 이렇게 돈도 안 되는 크고 무거운 책을 그 어떤 출판사가 시각장애인만을 위해서 출판해주었겠는지요? 한마디로 돈이 안되니, 학교 측에서는 오직 14권의 책만 보유하고 있던 것입니다.

이러한 제약에도 불구하고 브라유는 이미 학교 내에서 우등생으로 활약하고 있었습니다. 그런데 여러분, 제가 만약에 이 학교의 선생님이었다면 저는 브라유 같은 학생을 보고 마음이 아팠을 것 같습니다. 제가 학생을 위해서 해줄 수 있는 것이 많지 않기 때문입니다.

어느 사회나 똑같지만 아이들이 양질의 교육을 받기 위해서는 학교가 이들을 위해 투자를 할 줄 알아야 합니다. 그런데 당시의 사회는 어땠는지요? 저는 지금이나 그때나 크게 다르지 않은 것 같다고 생각하지만, 당시의 프랑스 사회에서는 그 누구도 장애인을 위한 교육 시설 투자에는 관심을 두지 않았습니다. 왜 일까요? 한마디로 수익성이 없는 사업이라고 판단했기 때문입니다.

그러나 영웅은 난세에 태어난다는 말이 맞는 것 같습니다. 모두가 시각장애인 학생들에게 등을 돌리고 있을 때, 단 한 사람은 이들에게 관심을 보였기 때문입니다. 그는 바로 프랑스 육군 포병장교 출신의 샤를 바르비에 대위입니다.

브라유 점자 탄생에 필요했던
필연적 만남

바르비에 대위는 프랑스 육군의 퇴역 군인입니다. 그는 군 생활 동안 야간 문자Night Writing 로 불리는 특수 문자를 만들었습니다. 이 문자는 늦은 밤에도 전투 중에 작은 요철을 이용하여 암호를 전달할 수 있다는 장점을 갖고 있습니다. 그러나 바르비에 대위는 어느 날 이런 생각을 했습니다. 그것은 이 문자가 군인보다 시각장애인 학생들에게 더 큰 도움이 될 수도 있겠다는 생각이었습니다.

이 생각을 계기로 바르비에 대위는 파리 왕립 맹아 학교에 편지를 한 통 보냈습니다. 그가 학생들 앞에서 야간 문자를 소개하고 싶다는 내용이었습니다. 당시 파리 왕립 맹아 학교의 교장이었던 세바스티앙 길리에 교장은 편지를 읽자마자 바르비에 대위를 학교에 초대했습니다. 그가 학생들 앞에서 야간 문자를 소개할 수 있도록 허락한 것입니다.

초대를 받은 바르비에 대위는 브라유를 포함한 수많은 학생들 앞에서 그가 만든 야간 문자의 탄생 배경을 이렇게 설명해주었습니다. "여러분 반갑습니다. 저는 프랑스 육군 포병장교 출신의 샤를 바르비에 대위라고 합니다. 전투 중에는 병사들 간의 소통이 중요합니다. 늦은 밤 소통을 하기 위해서는 불을 밝혀야 합니다. 그러나 때로는 그 불빛 때문에 아군의 위치가 적군에게 노출되기도 합니다. 저는 늦은 저녁에도 불을 켜지 않고 서로가 소통할 수 있는 문자를 만들고 싶었습니다. 이것이 바로 제가 야간 문자를 만들게 된 이유입니다."

강연을 듣고 있던 브라유는 야간 문자야말로 시각장애인을 위한 새로운 문자가 될 수 있겠다는 확신이 들었습니다. 야간 문자는 다른 문자와는 다르게 어둠 속에서도 소통을 할 수 있었기 때문입니다. 그런데 이 문자에는 한 가지 흥미로운 사실이 있습니다. 그것은 정작 이 문자가 프랑스 군대에서는 암호 전송용 야간 문자로 채택되지 못했다는 것입니다. 브라유는 이 사실을 이해할 수 없었습니다. 그래서 브라유는 바르비에 대위에게 물었습니다. "대위님, 저는 이 문자가 너무나 훌륭하다고 생각합니다. 그런데 군대에서는 왜 이 문자를 사용하지 않은 것이죠?"

바르비에 대위는 답했습니다. "제가 만든 야간 문자는 판지 조각 위에 점(.)과 대시(-)로 알파벳을 표현할 수 있습니다. 글자 하나를 표현하기 위해서는 총 12개의 점이 필요합니다. 신속성을 중시하는 군대에서는 이 문자를 효율적인 소통방식으로 보지 않았습니다. 게다가 군인의 손은 여러분의 손과는 다릅니다. 대포를 다루는 포병 군인의 손끝은 굳은살로 가득합니다. 군인은 촉각만으로 야간 문자를 해독하는 데에 큰 어려움을 겪었습니다. 그러나 여러분의 손끝은 예민합니다. 여러분은 손끝의 예민한 감각만으로도 이 문자를 느낄 수 있을 것입니다. 저는 여러분이 가진 예민한 감각의 가능성을 믿기 때문에 여러분을 찾아온 것입니다."

송곳으로 창조한 아름다움

브라유는 바르비에 대위의 상연을 듣고 한 가지 다짐을 했습니다. 그것은 바르비에 대위의 야간 문자를 간소화하여 브라유만의 점자를 만들겠다는 다짐이었습니다. 브라유가 바르비에 대위의 야간 문자를 처음으로 접했을 때의 나이는 12세입니다. 브라유는 그로부터 약 3년이라는 시간을 투자하여 그의 나이 15세에 점자를 완성했습니다.

청소년이 이런 위대한 일을 했다는 게 참 멋지다고 생각합니다. 그런데 이보다 더 멋진 사실이 있습니다. 그것은 브라유가 완성한 문자가 전 세계의 시각장애인이 지금까지도 쓰고 있는 브라유 점자라는 것입니다. 그런데 브라유 점자에는 한 가지 특징이 있습니다. 이 점자를 쓰기 위해서는 송곳을 써야 한다는 것입니다. 참 아이러니합니다. 브라유는 송곳으로 시력을 잃었는데, 막상 점자를 만들 때는 송곳을 사용했기 때문입니다.

브라유 점자는 총 6개의 점으로 이루어져 있습니다. 단어와 문장을 표현하는 방법은 간단합니다. 그저 알파벳에 맞는 점의 위치에 따라 송곳으로 종이를 뚫으면 됩니다. 브라유 점자 덕분에 시각장애인 학생들은 책을 읽을 수 있게 됐습니다. 이것은 혁신이었습니다. 그러나 당시의 프랑스는 이 점자를 아주 오랜 시간이 지나고 나서야 시각장애인을 위한 공식 문자로 채택할 수 있었습니다. 이유가 뭘까요?

한번 생각해보세요. 점자가 생기면 파리 왕립 맹아 학교 같은 특수 교육 기관에서는 이제 더 이상 비싼 돈을 주고 비시각장애인 선생님을 고용할 필요가 없는 것입니다. 한마디로 선생님들은 자신의 밥그릇을 지키기 위해 브라유 점자를 반대했던 것입니다. 그리고 그 이유로 프랑스에서는 브라유 점자를 오랫동안 공식 문자로 채택하지 못했던 것이고요.

브라유 점자가 공식 문자로 채택되는 데에 너무 오랜 시간이 걸렸기 때문에, 브라유는 자신이 만든 점자가 프랑스의 공식 문자로 채택되는 것을 보지 못하고 세상을 떠났습니다. 그러나 브라유는 이에 대해 불평하지 않았습니다. 그는 죽기 전에 가까운 지인들을 모아, 그가 점자를 만든 이유에 대해 이렇게 설명했기 때문입니다. "사람에게는 각자에게 허락된 소명이 있습니다. 나는 앞을 보지 못하는 사람도 세상의 아름다움을 느끼고 이해할 수 있도록 돕고 싶었습니다. 나는 죽기 전에 내 임무를 완수했습니다. 이제 주님의 곁으로 갈 준비가 됐습니다." [30]

섬세한 표현, 아름다움을 찾아가는 과정

전 세계의 거의 모든 국가는 브라유 점자를 시각장애인의 공식 문자로 채택하고 있습니다. 대한민국도 예외는 아닙니다. 그러나 우리의 점자는 브라유 점자와는 조금 다릅니다. 우리는 알파벳이 아닌 한글을 사용하기 때문입니다.

브라유의 6점자를 한글화하는 데에 평생을 바치신 분이 계십니다. 송암 박두성 선생님입니다. 박두성 선생님께서는 일제 치하의 조선총독부가 만든 제생원 맹아부의 교사로 재직하고 계셨습니다. 여러분도 아시겠지만, 일제강점기 시절의 교사들은 일본어로 수업을 진행해야 했습니다. 이는 즉 제생원 맹아부에서 수업을 듣고 있던 시각장애인 학생들도 국어가 아닌 일본어 점자로 책을 읽을 수밖에 없었다는 것을 의미합니다.

그러나 박두성 선생님께서는 사명을 갖고 계셨습니다. 그것은 바로 우리 민족에게는 우리의 글을 가르쳐야 한다는 사명이었습니다. 이를 위해 선생님께서는 일제의 감시를 피하여 그의 시각장애인 제자들과 함께 〈조선어 점자 연구위원회〉를 창립하셨습니다.

박두성 선생님과 그의 제자들이 수년간의 노고 끝에 만든 한글 점자가 바로 훈맹정음입니다. 훈맹정음은 맹인을 가르치는 바른 소리라는 뜻을 담고 있습니다. 그러나 훈맹정음의 역사에는 우리 모두가 꼭 알아야 하는 한 가지 사실이 숨어 있습니다.

그것은 바로 세종대왕께서 창제하신 훈민정음이 반포된 시점부터 송암 박두성 선생님께서 만드신 훈맹정음이 반포되기까지 무려 480년이라는 공백 기간이 존재한다는 것입니다.

480년이라는 공백 기간. 이것은 무엇을 의미하겠는지요? 이 긴 세월 동안 앞을 보지 못하는 사람은 자신의 존재를 세상에 알릴 방법이 없었다는 것입니다.

굉장히 슬픈 사실이지만 제가 경험한 이 세상과 이 세상의 역사는 다음의 사실을 알려줍니다. 그것은 시각장애인뿐만이 아니라 장애를 갖고 태어난 모든 사람은 이때까지 자신의 존재를 알릴 방법이 없었고, 자신의 마음과 생각조차 표현할 길도 없었다는 것을 말입니다. 한마디로 이들은 세상으로부터 그 어떤 관심과 이해받지 못하는 삶을 살았다는 것을 의미합니다.

정말 창피하고 부끄럽지만 저부터 솔직하게 고백하겠습니다. 저는 그런 무관심한 세상의 일부였고, 저부터 이들을 이해할 마음조차 없었습니다. 그래서 낭독 봉사가 아니었다면, 저는 아마 장애인이 걸어온 역사 그리고 그들의 삶은 어땠을지를 생각해 보지 못했을 것입니다.

그런데 여러분, 정말 역설적인 것이 있습니다. 그것은 제가 이들의 역사와 삶을 통해 우리가 쓰는 언어 그리고 표현의 중요성에 대해서 배웠다는 것입니다.

언어는 우리가 상상하는 것보다 훨씬 더 많은 것을 담고 있습니다. 언어는 표현에 의해서 존재합니다. 그래서 표현하지 않으면 알 수가 없고, 알 수 없으면 모르고, 모르면 궁금하지 않고, 궁금하지 않으면 잊게 되고, 잊게 되면 사라집니다. 인간의 삶과 역사에 있어서 표현의 반대말은 표현하지 않는 것이 아닙니다. 표현의 반대말은 무관심입니다. 무관심이라는 단어. 저는 이 단어가 세상에서 가장 무서운 단어로 느껴집니다.

"오늘 하루는 어땠어?"라는 질문을 받았을 때 여러분께서는 어떤 생각이 드시는지요? 누군가에게는 매일 들어도 또 듣고 싶은 정감 가는 질문일 것입니다. 그러나 누군가에게는 매일 들으니 귀찮은 질문일 수도 있습니다. 그러나 혹시라도 이 질문을 귀찮다고 느끼시는 분들께 저는 감히 말씀드리고 싶습니다. 세상에 존재하는 그 어떤 표현도 귀찮은 표현이란 존재할 수 없다는 것을요.

이 질문을 하는 상대는 당신의 오늘이라는 역사가 어땠는지 궁금하고, 궁금하니까 알고 싶고, 알고 싶으니까 표현했던 것일 뿐입니다. 표현은 관심과 이해입니다. 이해는 아름답습니다. 그러나 하루하루를 똑같이 보내고 있는 삶 속에서 우리는 너무 지처버린 나머지 이렇게 답할 때가 많습니다. "뭐, 별거 있나? 그냥 그렇지. 뭘 그런 걸 물어."

저도 이해합니다. 정말 힘들 때는 그 어떤 말도 입에서 잘 나오지 않기 때문입니다. 하지만 시각장애인의 문자인 점자의 역사를 기억한다면, 우리는 앞으로 '그냥'이라는 표현을 쉽게 사용하기 어려울 것입니다. 어떤 이는 앞이 보이지 않는다는 이유 하나만으로 아름다움이라는 감정을 좀 더 섬세히 이해하고 싶어서, 자신의 손끝이 찢어질 정도로 문자를 만드는 데에 인생을 바쳤기 때문입니다.

당신은 너무나 아름다운 존재입니다. 그래서 누군가에게 당신은 부끄러워서 말로 표현은 못 해도 가슴 뛰게 설레는 그런 소중한 사람입니다. 그런데 그런 당신이 당신의 아름다움을 표현하지도 않고 그 표현을 받아주지도 않는다면, 세상 그 누구도 당신이라는 역사를 아름답게 기억해줄 수가 없겠지요?

언어에는 생명이 또 다른 생명의 마음과 생각을 이해하려는 따뜻한 사랑과 관심이 담겨 있습니다. 그러니 이왕이면 당신의 언어를 섬세하면서도 아름답게 표현해주세요. 그럼 당신은 누군가의 이해를 넘어, 당신의 일굴 하나하나를 섬세하게 바라봐주는 아름다운 사랑을 받게 될 것입니다.

당신은 아름답습니다.

당신의 역사도 아름답습니다.

．
．
．
．
．

이해받기를 원하나요?
그럼 상대와 함께 그 마음을
아름다운 언어로
섬세하게 표현해보세요.

이해의 아름다움을 느끼고 싶나요?
그럼 루이 암스트롱의 〈What a Wonderful World〉를 들어보세요.

"내가 죽는다고 조금도 어쩌지 말라. 내 평생 나라를 위해 한 일이 아무것도 없음이 도리어 부끄럽다. 내가 자나 깨나 잊을 수 없는 것은 우리 청년들의 교육이다. 내가 죽어서 청년들의 가슴에 조그마한 충격이라도 줄 수 있다면, 그것은 내가 소원하는 일이다. 언제든지 눈을 감으면 쾌활하고 용감히 살려는 전국 방방곡곡의 청년들이 눈앞에 선하다."

강우규 의사 (1855~1920)

존중을 넘어,
존경받는 부자
할아버지의 독립운동

大韓獨立萬歲

늙은 얼룩말의
헌신

.
.
.
.

늙은 얼룩말

인간은 누구나 태어나면 새로운 생명을 얻음과 동시에 죽음을 향해서 달려간다고 해도 과언이 아닐 것입니다. 인명은 재천인 지라 저의 목숨이 언제까지 허락될지는 모르겠습니다. 그러나 아무 탈 없이 잘 산다면 저 또한 나중에 할머니가 됐을 때 손주들의 손을 잡고 동물원에 놀러 갈 정도의 나이까지는 살 수 있지 않을까 싶습니다.

그래서 하루는 이런 생각을 한 적이 있습니다. "내가 만약에 손주들에게 딱 한 마리의 동물을 소개할 수 있다면, 나는 그들에게 어떤 동물을 소개하고 싶을까?" 이 질문은 생각보다 어려운 질문이었습니다. 이 질문에 대한 답을 찾는 데에 정말 오랜 시간이 걸렸기 때문입니다. 그러다가 문득 이 동물이 떠올랐습니다. 얼룩말이었습니다.

얼룩말은 헌신적 정신이 가득한 동물입니다. 얼룩말에게는 까맣고 하얀 줄무늬가 있습니다. 이들은 사자와 같은 맹수로부터 자신을 보호하기 위해 줄무늬의 착시현상을 십분 활용합니다. 그러나 얼룩말의 줄무늬에는 신기한 아이러니도 있습니다. 그것은 줄무늬 착시현상이 오직 얼룩말이 서로 떼로 지어 있을 때만 효과를 발휘한다는 것입니다.

출산의 시기가 임박한 어미 얼룩말은 새끼가 오직 어미만 바라볼 수 있는 환경을 찾아서 출산합니다. 그리고 유독 얼룩말이 이러한 환경을 집착하는 데에는 이유가 있습니다. 그들의 줄무늬 때문입니다. 얼룩말은 태어날 때부터 모두 다른 줄무늬를 갖고 태어납니다. 그런데 새끼의 눈에는 이 줄무늬가 모두 똑같아 보입니다. 이러한 이유로 어미 얼룩말은 새끼 얼룩말이 태어나자마자 어미 얼룩말의 줄무늬를 외우게끔 합니다. 줄무늬를 외워야만, 새끼 얼룩말이 길을 잃어도 어미 얼룩말을 다시 찾을 수 있기 때문입니다.

그러나 아무리 어미의 줄무늬를 외운다고 해도, 사자는 새끼의 존재를 바로 알아차려 버립니다. 자유를 만끽하는 새끼 얼룩말이 푸른 초원을 마음껏 달리기 때문입니다.

대부분의 새끼 얼룩말은 그들의 줄무늬 때문에 사자의 먹잇감이 되어버려 얼마 살지 못하고 죽는 경우가 많습니다. 이런 상황 속에서도 기적적으로 살아남는 새끼 얼룩말들이 있습니다. 늙은 얼룩말이 그들을 위해 대신 희생하기 때문입니다. 늙은 얼룩말은 새끼 얼룩말이 사자에게 쫓기는 신세가 되면 일부러 자기 자신을 무리로부터 뒤처지게 만든 뒤 사자를 향해 달려갑니다. 늙은 얼룩말이 사자를 향해 달려오면, 사자는 더 이상 새끼를 쫓지 않습니다. 늙은 얼룩말이 자발적으로 사자의 먹잇감이 되기 때문입니다.

저는 아직 청년입니다. 그러나 이제는 어른의 의미에 대해 깊이 생각해보게 됩니다. 이왕이면 나이가 들면서 좋은 어른으로 성장하고 싶다는 마음이 가득하기 때문입니다. 그래서 저는 역사를 통해서 그 답을 찾아보려고 했습니다. 그리고 찾았습니다. 청년들을 위해 헌신했던 부자 할아버지 독립운동가, 강우규 의사(義士)님을 통해서 말입니다.

가난해서 선택했던 길

강우규 의사님께서는 1855년 7월 14일 평안남도 덕천군에서 가난한 농부의 넷째 아들로 태어나셨습니다. 의사님께서는 어릴 적부터 공부하는 것을 좋아하셨습니다. 그러나 농부였던 의사님의 부모님께서는 농사로 먹고사는 일도 해결하기가 빠듯하셨습니다. 그리고 그 이유로 의사님의 부모님께서는 식비와 더불어 아들의 교육비까지 마련하는 것에 대해서는 어려움을 느끼셨습니다.

물론 의사님의 부모님께서 이런 어려움을 내색하지는 않으셨습니다. 그러나 의사님께서는 자신의 집안 형편이 또래 친구들보다 어렵다는 것을 일찌감치 알고 계셨습니다. 의사님께서는 하는 수 없이 어린 시절부터 돈을 벌기 위한 수단으로 한약방을 운영하셨습니다. 사실 당시의 한약방은 수요가 끊이지 않는 사업이었습니다. 의사의 수는 적은데 사람은 아프니, 당연히 한약방을 운영하면 떼돈을 벌 수 있었기 때문입니다.

이러한 당시의 상황 때문에 의사님께서는 한약방을 운영하시며 큰 부를 축적하실 수 있었습니다. 여기까지만 보면 대부분의 사람들은 강우규 의사님께서 왜 군이 독립운동에 가담하셨는지 이해하지 못합니다. 돈이 많으니 그냥 그 돈을 가지고 편하게 살았으면 됐기 때문입니다. 그러나 이러한 사람들의 궁금증에 의사님께서는 이렇게 답하셨을 것 같습니다. "나라를 잃었는데 어찌 나 혼자 편하게 살겠는지요. 나 같은 이 시대의 어른이 편하게 산다면, 우리의 청년들에게는 미래가 없지 않겠는지요."

돈 이상의 가치

요즘 대학가에서는 점점 사학과가 사라진다고 하는데, 저는 사실 역사를 통해 진정한 부(富)의 의미를 깨우쳤습니다. 특히 피렌체의 메디치 가문, 스웨덴의 발렌베리 가문, 우당 이회영 선생님의 가문, 경주 최부자댁, 그리고 흙수저 출신의 부자였던 강우규 의사님을 통해서 말입니다.

역사를 통해 제가 깨우친 부는 다음과 같습니다. 돈은 버는 것도 중요하지만 그 돈을 어떻게 쓰는지가 정말 중요하다는 것입니다. 이때까지 세상에 존재하는 모든 역사를 보면, 돈은 세상에서 가장 인격적인 존재 중 하나라는 것을 알 수 있습니다. 그래서 돈에게 인격이 있다는 것을 알고 있던 역사적 인물들은 늘 자기 자신에게 다음의 질문을 했습니다. "이 돈을 어떻게 써야 모두가 행복하고 의미 있는 세상을 만들 수 있을까?"

제가 이렇게까지 말을 해도 이 질문의 핵심을 이해하지 못하는 사람들이 있습니다. 돈은 있지만 머리에는 아무런 가치관과 생각이 없는 사람들입니다. 저는 그런 사람들에게 그들의 입맛에 맞는 이야기를 해줍니다. "돈을 어떻게 써야 사람들이 행복하고 의미 있는 세상을 만들 수 있을지를 묻는 이유는 간단합니다. 돈이 행복감을 느껴야 또다시 그 돈이 좋은 친구를 데리고 나에게 몇 배 이상의 가치로 돌아오기 때문입니다."

제가 이 말을 하면 그들은 그제야 "아, 돈이 행복감을 느껴야 또 나에게 오나요?"라고 말하며 좋아합니다. 그러면 저는 그럴 때마다 이렇게 답합니다. "네, 물론이죠! 근데 그 돈이 꼭 나에게 올 필요는 없어요. 더 훌륭한 가치에 쓰일 수 있다면, 그게 더 의미 있을 수 있어요. 그리고 더 의미가 있어야 그 돈이 또 다른 방법으로 나한테 올 거예요."

졸부들은 저의 마지막 답변을 좋아하지 않습니다. 더 큰 돈을 만질 줄 알았는데, 그 돈이 남한테 가버리면 아무 소용이 없어 시기 때문입니다. 그러나 저는 전 세계의 모든 역사를 통해 돈이 돈 이상의 가치를 창출하는 현상을 아주 많이 목격했습니다.

우리의 독립사에도 돈 이상의 가치를 추구했던 인물들이 있습니다. 우당 이회영 선생님, 경주 최부자댁의 마지막 부자인 최준 선생님, 그리고 강우규 의사님입니다. 우당 이회영 선생님께서는 구한말 시절 약 40만 원이라는 전 재산을 바쳐서 만주 땅에 신흥무관학교를 세우셨습니다. 당시의 40만 원을 지금의 가치로 환산한다면 이 돈은 약 2조 원이 됩니다. [31]

억은 몰라도 조는 큰 단위입니다. 그런데 이런 큰돈을 나라를 위해 쓰셨으니, 이회영 선생님과 그의 가문은 평생에 걸쳐 후세대의 존중과 존경을 받아 마땅합니다. 아시는 분들은 아시겠지만 우당 이회영 선생님의 가문은 고려 시대부터 조선 시대까지 쭉 국가의 고위 관료를 배출해낸 명문 엘리트 가문입니다. 그래서 어떻게 보면 이회영 선생님께서는 그동안 국가와 국민으로부터 받았던 사랑에 보답하기 위해서라도, 가문의 전 재산을 항일 운동에 쓰신 것일 수도 있습니다. 적어도 제가 이회영 선생님이었다면 그렇게 했을 것 같기 때문입니다.

경주 최부자댁도 엘리트 가문이었습니다. 그러나 강우규 의사님께서는 명문가 출신도 아니셨고 엘리트 출신도 아니셨습니다. 요즘으로 따지자면 강우규 의사님께서는 혼자서 모든 것을 이룬 흙수저 출신의 부자였습니다. 그래서 자본주의적 사상으로만 따지자면, 의사님께서는 국가를 위해 전 재산을 바치실 필요가 없으셨습니다. 왜일까요? 국가로부터 그 어떤 혜택도 받지 않으셨기 때문입니다. 그러나 의사님께서는 언제나 자신의 부를 통해 부 이상의 가치를 창출하려고 하셨습니다. 그리고 의사님께서는 그 가치의 핵심을 대한의 독립과 대한의 청년을 위한 구국 교육 운동에 두셨습니다.

의사님께서 구국 교육에 마음을 품게 되신 데에는 특별한 이유가 있습니다. 의사님께서는 돈이 없어서 공부하지 못하는 청년의 마음을 그 누구보다 잘 아셨기 때문입니다. 그래서 의사님께서는 청년의 미래를 위해 그의 전 재산을 바쳐서 함경도 전 지역에 학교를 세우셨던 것입니다.

그러나 의사님을 비롯한 수많은 독립운동가의 구국 교육 운동에도 불구하고 대한은 1910년 일제에 의해 치욕의 국권피탈을 경험했습니다. 경술국치 이후 많은 사람들은 독립운동을 위해 중국이나 러시아로 망명을 떠났습니다. 이 중에는 강우규 의사님도 계셨는데, 의사님께서는 첫 번째 망명지로 러시아를 택하셨습니다. 그러나 1914년 7월 제1차 세계대전이 발발하면서 러시아는 러시아에 체류 중이던 대한의 독립운동 세력을 모두 쫓아냈습니다. 이 이유로 결국 의사님께서는 러시아에서 발길

을 돌려 중국의 길림성을 구국운동의 새로운 터전으로 삼으실
수밖에 없으셨습니다.

말이 아닌 행동으로

1919년 3월 1일 대한에서는 3.1 운동이 일어났고 우리 민족의
만세 운동은 전 세계 언론을 통해 알려졌습니다. 당시 중국 길
림성에 머물고 계셨던 강우규 의사님께서는 언론을 통해 3.1 운
동 소식을 접하셨습니다. 그러나 이 소식은 의사님의 미래를 송
두리째 바꿨습니다. 의사님께서는 3.1 운동을 계기로 이런 다짐
을 하셨기 때문입니다.

"내 비록 나이가 많은 노인인지라 뒤에서 힘이 되려 했건만,
이제는 우리의 청년들이 일본의 총알받이가 됐으니 이보다 더
분한 것이 어디 있겠는가. 앞날이 밝은 청년들이 꽃도 피우지 못
하고 죽어가고 있는데 노인인 내가 가만히 있어야 하겠는가."

일본의 눈에는 만세 삼창을 부르고 있던 대한의 청년이 새끼
얼룩말처럼 보였을 것입니다. 사자의 눈에 띄지 않으려고 모두
무리 지어 가만히 있을 때, 새끼 얼룩말만큼은 광활한 초원을

바라보며 마음껏 달렸기 때문입니다.

새끼 얼룩말이 광활한 초원을 보고 가만히 있는 것은 정상적인 현상이 아닙니다. 초원을 보고 마음껏 달리고 싶은 것이 모든 이의 본능이기 때문입니다. 이처럼 인간이 자유와 독립을 외치는 것은 너무나 자연스러운 현상입니다. 그래서 당시의 청년들은 3.1 운동을 통해 자유를 외쳤던 것입니다. 그러나 일본은 청년을 보고 가만히 있지 않았습니다. 일본은 사자가 새끼 얼룩말을 사냥하듯 청년을 상대로 총구를 겨눴기 때문입니다.

이러한 일제의 악행을 보고 강우규 의사님께서는 청년들을 지키기 위해 늙은 얼룩말이 되겠다고 다짐을 하셨던 것입니다. 그러나 이 다짐에는 아주 놀라운 사실이 숨어 있습니다. 그것은 바로 3.1 운동을 계기로 청년을 향한 마음을 품게 된 늙은 얼룩말이 곳곳에서 나타나기 시작했기 때문입니다.

늙은 얼룩말이 되기를 자처한 어르신들께서는 〈노인동맹단〉이라는 독립운동 단체를 세우셨습니다. 노인동맹단은 김치보 선생님을 중심으로 1919년 3월 26일 러시아 블라디보스토크에서 결성된 독립운동 단체입니다. 그런데 이 단체에는 특이점이 하나 있습니다. 그것은 오직 노인만이 이 단체에 가입할 수 있었다는 것입니다.

노인동맹단에 가입하기 위해서는 가입 희망자의 나이가 46세 이상 그리고 70세 이하여야 했습니다. 요즘 우리 사회의 평균 기대 수명은 85세 이상입니다. 그래서 우리에게 46세~70세 사이의 나이는 아무것도 아닌 것처럼 느껴질 수 있습니다. 그러나 일제강점기 시절 우리 민족의 평균 기대 수명은 45세였습니다. 이런 사실을 참고한다면, 노인동맹단은 상당히 고령의 회원만 받았다는 것을 알 수 있습니다.

강우규 의사님께서는 1919년 4월 노인동맹단에 가입하셨습니다. 당시 의사님의 나이는 65세였습니다. 의사님께서는 이때 당시에도 상당히 고령에 속하신 편이었습니다. 그러나 고령에도 불구하고 노인동맹단은 강우규 의사님을 중국 길림성 요하현 지부의 책임자로 임명했습니다. 노인동맹단의 회원들이 의사님의 포부와 열정을 높게 샀기 때문입니다.

당시 사람들은 노인동맹단의 창설 배경에 대해 어떻게 평가했는지 모르겠습니다. 지금의 우리는 노인동맹단의 창설 배경을 긍정적으로 평가할 수밖에 없습니다. 그러나 역사는 돌고 돈다는 것을 고려한다면, 분명 당시의 몇몇 파렴치한 친일 세력은 이 단체가 설립되는 것을 보며 이런 반응을 보였을 것 같습니다. "아이고, 노인네가 그냥 집에서 편하게 쉬시지… 그 나이에 뭐 그리 도움이 되겠다고 독립운동을 하시는지?"

　요즘 사회도 그렇습니다. 어르신들께서 뭘 하시려고 하면 몇 몇 무례한 사람은 "노인이 무슨…"이라는 망언을 하며 노인을 모욕합니다. 그러나 제가 역사를 통해 배운 게 있습니다. 이런 무례한 사람들의 말은 그냥 흘려들으면 된다는 것입니다. 아마 노인동맹단의 어르신들도 저와 같은 생각을 하지 않으셨을까 싶습니다. 그리고 이들은 오히려 세상을 향해 나이는 숫자에 불과하다는 것을 똑똑히 보여주었습니다. 이들은 노령이라는 강점을 독립운동의 최종병기로 활용했기 때문입니다.

설마, 노인이 그랬겠어?

노령의 강점이 가장 두드러지게 나타났던 사건은 강우규 의사님께서 계획하셨던 사이토 마코토 조선 총독 암살 시도 사건입니다. 사이토 마코토 총독은 하세가와 요시미치 총독 이후로 부임 된 총독인데, 하세가와 총독은 3.1 운동을 세대로 탄압하지 못했다는 이유로 일제의 경질을 받았습니다. 이는 한마디로 무단통치가 통하지 않으니, 문화통치를 통한 새로운 식민 정책을 펼치려고 새 총독을 부임했다는 것을 의미합니다.

솔직히 일제의 전략은 안 봐도 비디오였습니다. 사람은 쉽게 바뀌지 않습니다. 그럼 국가의 성격을 바꾸는 건 얼마나 더 힘들겠는지요? 이들이 누구입니까? 이들은 평화적인 방법으로 만세를 외치는 학생들을 상대로 총구를 겨눴던 사자입니다. 그런데 이랬던 사자가 갑자기 대한의 시민들에게 문화정책으로 친절하게 다가온다? 바보가 아닌 이상 일제의 꼼수는 그 누구라도 눈치챌 수밖에 없었습니다. 그렇기 때문에 강우규 의사님께서는 이제 더 이상 평화로운 방법으로는 일제에 대항할 수 없다고 판단하셨던 것입니다.

강우규 의사님의 계획은 남대문역(서울역)에서 수류탄을 던져 사이토 총독을 제거하는 것이었습니다. 의사님께서는 거사의 성공을 위해 사이토 총독의 신상정보와 이동 정보를 입수하여 거사의 계획을 세우고 계셨습니다. 당시의 사이토 총독은 1919년 9월 2일 오후 5시경 남대문역에 도착하는 것으로 예정됐습니다. 의사님께서는 실제로 사이토 총독이 남대문역에 도착하여 마차를 타고 관저로 향하려고 할 때 수류탄을 던지셨습니다. 그러나 노인의 팔 힘으로는 사거리의 장벽을 넘을 수 없던 것 같습니다. 의사님께서 던지셨던 수류탄이 사이토 총독에게 닿지 못했기 때문입니다.

그러나 우리가 진짜 주목해야 할 부분은 바로 여기서부터입니다. 강우규 의사님께서는 수류탄을 던지시고도 현장에서 체포되지 않으셨기 때문입니다. 대단히 놀랍지만 사실 의사님께서는 거사를 치르시고 난 뒤 일본 경찰에 의해 당당하게 체포되기를 기다리고 계셨습니다. 그러나 일본 경찰은 의사님을 보고도 체포하지 않았습니다. 왜일까요? 그들은 오히려 의사님을 보며 이런 생각을 했기 때문입니다. "에이… 나이 많은 노인이 설마 그랬겠어?"

설마가 사람 잡는다는 말이 있지요? 이것이 바로 제가 말씀드린 노령이 가진 강점입니다. 당시의 신문은 온통 사이토 총독 암살 시도 사건으로 도배됐습니다. 그리고 모든 신문 기사는 일제히 다음의 기사 제목을 썼습니다. "도대체 범인은 누구인가?" 그런데 이 질문에 대한 답은 거사가 일어난 지 16일 만에 밝혀졌습니다. 그것도 친일파 조선인 경찰이었던 김태석 형사에 의해서 말입니다.

의열의 시작

일제는 친일파 형사였던 김태석이 강우규 의사님을 체포한 것을 보며 경악을 금치 못했습니다. 같은 민족을 자신들보다 더 잔인하게 체포한 것도 놀라웠지만, 사이토 총독을 제거하려던 사람이 다름 아닌 65세의 노인이었기 때문입니다.

사실 결과만 따지고 보면 강우규 의사님께서 계획하셨던 거사는 실패로 끝난 것은 맞습니다. 왜냐하면 사이토 총독이 죽지 않았기 때문입니다. 그러나 이 거사는 3.1 운동 이후에 일어난 최초의 의열투쟁으로 기록됩니다. 이는 즉 강우규 의사님께서 '의열'이라는 새로운 운동 방식을 대한의 청년들에게 전파하셨다는 것을 뜻합니다.

일제도 무력을 동반한 독립운동은 이번이 처음이었습니다. 그래서 일제의 재판관들은 의사님의 형량을 정할 때 고민을 할 수밖에 없었습니다. 나이가 많아서 참작하면 왠지 또 다른 노인이 의열투쟁을 할 것 같고, 이미 청년들이 의열에 눈을 떴으니 의열투쟁을 하면 어떤 벌을 받게 되는지 본보기로 보여줘야 할 것 같았기 때문이지요. 일제는 또 다른 의열투쟁을 피하고자 1920년 2월 강우규 의사님께 사형을 선고했습니다. 그리고 이 선고로 강우규 의사님께서는 1920년 11월 29일 형장의 이슬로 사라지셨습니다.

헌신과 흐르는 물을 기억하며

강우규 의사님께서는 형장의 이슬로 사라지시기 전에 대한의 청년들에게 이런 유언을 남기셨습니다. "내가 죽는다고 조금도 어쩌지 말라. 내 평생 나라를 위해 한 일이 아무것도 없음이 도리어 부끄럽다. 내가 자나 깨나 잊을 수 없는 것은 우리 청년들의 교육이다. 내가 죽어서 청년들의 가슴에 조그마한 충격이라도 줄 수 있다면, 그것은 내가 소원하는 일이다. 언제든지 눈을 감으면 쾌활하고 용감히 살려는 전국 방방곡곡의 청년들이 눈앞에 선하다."[32)]

한 사람의 유언은 그 사람의 정체성을 보여준다고 생각합니다. 유언은 사람이 남길 수 있는 마지막 말이기 때문입니다. 저에게는 의사님의 유언이 마치 이렇게 들립니다. "초원은 달리라고 있는 것이나. 그러니 마음껏 달리거라. 네 뒤를 봐주는 게 나의 역할이다. 달리거라. 너 또한 누군가의 뒤를 봐줄 날이 올 것이다."

청년이 역사에 존경심과 자부심을 품고 새로운 도전을 시도하는 것. 이것은 새끼 얼룩말이 푸른 초원을 마음껏 달리는 것과 같습니다. 그리고 새끼 얼룩말이 마음껏 달릴 수 있도록 뒤를 봐주는 것. 이것이 늙은 얼룩말의 헌신이자 청년을 사랑하는 좋은 어른의 마음이라고 생각합니다.

모두가 청춘을 좋아하는 이유는 하나입니다. 청춘은 열정이 가득하여 모든 것을 도전할 수 있기 때문입니다. 그리고 열정 가득한 청춘은 자신이 사랑하고 존경하는 것에는 목숨을 바칩니다. 그런 숭고한 가치에는 목숨을 걸어도 괜찮다는 생각이 들기 때문입니다. 그러나 사자 같은 세상은 계산하지 않고 목숨을 바치는 청춘을 바보라고 부릅니다. 정작 세상은 이런 청춘을 도전자라고 불러야 하는데 말입니다.

우리 사회에는 도전을 무서워하지 않는 청년이 더 많이 필요합니다. 그러나 바보로 낙인찍혀버린 청년은 자신을 보호해주는 늙은 얼룩말이 없다는 것을 깨닫고 동굴로 숨어 버리는 결정을 합니다. 사자는 새끼 얼룩말이 동굴 밖으로 나오기만을 기다립니다. 자신의 좋은 먹잇감이 동굴 안에 숨어 있기 때문입니다. 그런데도 세상은 계속 청년을 향해 도전하라고 다그칩니다. "아프니까 청춘이다"라는 말을 하면서요.

아프니까 청춘일 수 있습니다. 그런데 열정 가득한 청춘도 아프면 두렵습니다. 그리고 아프면 사자로부터 도망치지도 못하고 죽어버립니다. 열정을 가지고 도전을 하려고 해도 사자 같은 세상은 새끼 얼룩말을 잡아먹기 때문입니다. 이런 이유로 작금의 청년은 강우규 의사님 같은 어른을 무척 그리워합니다. 청년을 진실한 마음으로 보호해주고 사랑해주는 좋은 어른의 따뜻한 품이 그립기 때문입니다.

세대 간의 존중과 존경이 넘쳐나기 위해서는 좋은 어른의 따뜻한 품과 좋은 청년의 도전이 필요합니다. 역사는 흐르는 물과 같습니다. 그래서 늙은 얼룩말이 용기를 내지 않으면 우리의 역사는 더 이상 기록되지 않습니다. 이유가 있습니다. 물이 흐르지 않기 때문입니다.

물이 아래로 흐르지 않으면 고일 수밖에 없습니다. 맑지 않은 물에서는 볼 수 있는 것이 없습니다. 그러나 볼 수 있는 것이 없다면, 역사는 존중과 존경이 무엇인지도 모릅니다. 그러므로 역사에 있어서 헌신적인 내리사랑의 실천은 세대 간의 갈등을 예방하고 서로 간의 존중과 존경을 도모하는 가장 지혜로운 방법입니다.

늙은 얼룩말이 용기를 내지 않아 물이 아래로 흐르지 않을 때 새끼 얼룩말은 잠시나마 그 물에 비친 자신의 반사체를 들여다볼 수 있습니다. 그러나 이것은 언제까지나 대안이 될 뿐 정답이 되지는 못합니다. 고인 물에서는 반사체도 볼 수가 없기 때문입니다.

늙은 얼룩말의 용기와 헌신이 있다면 새끼 얼룩말은 늙은 얼룩말의 줄무늬를 더 잘 기억할 것입니다. 그리고 이러한 헌신의 역사가 기록될 때 늙은 얼룩말은 10년, 100년, 그리고 1,000년이 지나도 후세대의 존경을 받게 될 것입니다.

늙은 얼룩말의 용기와 헌신으로 물이 다시 흐를 때 우리의 역사는 그 물을 강으로 만들 것입니다. 그리고 그 강은 시나브로 바다가 되는 역사를 쓸 것입니다. 그러니 부디 용기를 내주시길 바랍니다. 존중과 존경이 넘쳐나는 역사를 위해.

．
．
．
．

좋은 어른은
존중도 받지만,
존경은 더더욱 받습니다.

존중을 넘어 존경받는 삶을 살고 싶나요?
그럼 프랭크 시나트라의 〈My Way〉를 들어보세요.

"우리가 선을 행하되 낙심하지 말지니 포기하지 아
니하면 때가 이르매 거두리라."

갈라디아서 6:9

한국전쟁 그리고
살려고 하는 생명이
선사하는 기적

·-·· ··- ·--· - ·-··

고귀한 생명의
기적

．
．
．
．

다시 한번 열심히 살아보고 싶다는 마음

이야기를 시작하기에 앞서서 미리 한 가지를 말씀드리겠습니다.
이번 마지막 장은 제 개인의 역사를 보여드리며 제가 경험했던
기적의 역사를 말씀드리려 합니다. 그래서 이번 장에는 저의 신
앙적 간증도 들어가 있음을 미리 말씀드립니다. 그럼 이야기를
시작하겠습니다.

　2018년 12월부터 2019년 1월까지 중동에서 경험한 일입니
다. 당시의 저는 재학 중이던 학교에서 연구 지원금을 받아 국제
안보와 관련한 연구를 진행하고 있었습니다. 제가 학생이자 연
구자로서 가장 궁금해했던 질문은 다음과 같습니다. "국제 정치

의 세 가지 이론인 현실주의, 이상주의, 구성주의는 실제 현실 세계에서 어떠한 양상들로 나타날까?"

저는 이 질문에 대한 답을 찾고 싶어서 2018년 12월 이스라엘과 팔레스타인으로 떠났습니다. 제가 이곳을 선택했던 이유가 있습니다. 인간의 생과 사를 가장 가까이에서 바라보지 않는 이상, 이 질문에 대한 답을 찾을 수 없다고 느꼈기 때문입니다. 체류 기간은 한 달로 잡았습니다. 질문에 대한 답을 찾는 데에 적어도 한 달이라는 시간이 필요하다고 생각했기 때문입니다. 그러나 이것은 명백한 저의 오판이었습니다. 저는 이 질문에 대한 답을 단 5일 만에 팔레스타인 서안 지구에 있는 한 난민촌에서 찾았기 때문입니다.

저는 이 답을 한 군인의 오발 사고에 의해 아들을 잃은 여인과의 만남을 통해 얻을 수 있었습니다. 여인과의 첫 만남 때 저는 그 어떤 위로의 말도 쉽게 할 수 없었습니다. 이 여인의 모습은 마치 살아있는 송장과 다름이 없었기 때문입니다. 제가 여인을 위해 해줄 수 있던 것은 오직 그녀의 손을 잡아주는 것뿐이었습니다. 그런데 그녀의 손을 잡는 순간, 그녀는 저에게 이렇게 말했습니다. "이곳은 늘 생과 사가 끊이지 않습니다. 그런데 막상 내 아들이 영원히 떠났다고 생각하니 정말 눈물밖에는 나오지 않습니다. 내 삶은 살아 있지만 죽은 것과 다름이 없습니다."

살아 있는데 죽어 있다는 표현을 들었을 때 제가 했던 생각은 오직 하나였습니다. 죽으면 모든 것이 헛되고 헛되다는 생각이었습니다. 그래서 저는 이 여인과의 만남을 통해 제가 가졌던 질문에 대한 근본적인 답을 찾을 수 있었습니다. 그 답은 이렇습니다. "이론은 무슨… 죽으면 현실주의고 이상주의고 아무 의미가 없다."

자식을 잃은 여인에게서는 그 어떤 의욕도 느낄 수 없었습니다. 살아가야 할 이유가 있다면, 그것은 오직 복수를 위한 생존이었을 것입니다. 저는 그 여인의 눈빛을 통해서 인간을 향한 증오와 복수심을 느꼈기 때문입니다. 저는 여인을 보며 홀로 이런 기도를 했습니다. "하나님, 나는 이 여인의 눈빛을 통해서 인간의 차가운 증오와 복수심을 보고야 말았습니다. 그러나 복수는 또 다른 복수를 불러올 것이 분명합니다. 제가 이 여인을 위해 어떻게 기도를 하면 좋겠는지요."

제가 받았던 기도의 응답은 주기도문The Lord's Prayer이었습니다. 저는 주기도문의 이 구절을 여인에게 말해주고 싶었습니다. "우리가 우리에게 죄지은 자를 사하여 준 것 같이 우리 죄를 사하여 주옵시고, 우리를 시험에 들게 하지 마옵시고, 다만 악에서 구하옵소서."[33]

제가 이 구절을 여인과 함께 나누고 싶었던 이유가 있습니다. 인간은 용서할 수 없는 죄악을 용서할 때 악이 생명으로 변하는 기적을 체험할 수 있기 때문입니다.

저는 여인에게 물었습니다. "내가 당신 그리고 당신의 아들을 위해 기도를 해주고 싶습니다. 그러나 원하지 않는다면 얼마든지 거절해도 괜찮습니다. 대신에 나는 이슬람교도가 아닙니다. 그리고 나는 모국어인 한국말로 기도를 할 것입니다."

놀라운 일을 경험했습니다. 제가 말을 끝내기도 전에 여인이 이미 제 두 손을 붙잡고 눈을 감고 있었기 때문입니다. 저는 여인의 손을 붙잡고 한국어로 주기도문을 낭독했습니다. 기도를 해보신 분들은 아실 것입니다. 절실하면 절실할수록 손을 더 세게 잡는다는 것을요. 정말이지 저는 살면서 그렇게 센 악력은 처음 느껴봤습니다. 그리고 그 손을 통해 여인의 마음을 느낄 수 있었습니다. 생존을 향한 이 여인의 절실함은 그 누구와도 비교할 수 없다는 것을 말입니다.

기도를 마친 후 난민촌을 나와 다시 숙소로 돌아가려 했습니다. 그런데 멀리서 여인이 제 이름을 부르며 달려오고 있었습니다. 저에게 선물을 주기 위해서 말이지요. 여인이 저에게 건네준 선물은 하늘색 유엔UN 로고가 그려진 배지였습니다. 여인은 저에게 배지를 주며 말했습니다.

"그동안 나는 하루하루가 고난의 연속이었습니다. 정말 죽고 싶었습니다. 그런데 그 누구도 내 손을 잡고 기도해준 사람이 없었습니다. 나는 당신의 기도 덕분에 다시 한번 열심히 살아보고 싶다는 마음이 생겼습니다. 이 배지가 있으면 적어도 난민촌 주변에서는 그 누구도 당신을 해치지 않을 것입니다. 그러니 호신용으로라도 꼭 착용하세요"

저의 기도가 누군가에게 다시 한번 열심히 살아보고 싶다는 마음을 선사했을 때 저는 기적을 체험할 수 있었습니다. 그래서 기도의 기적을 체험한 뒤로는 저의 기도가 필요한 사람들을 위해 또 다른 난민촌을 방문했습니다.

그러나 또 다른 난민촌에서도 놀라운 일을 경험할 수 있었습니다. 제가 선물을 요구한 적도 없는데 다들 저에게 유엔 배지나 깃발을 선물로 주려고 했기 때문입니다. 저는 이 부분이 너무 의아해서 이런 기도를 했습니다. "하나님, 저는 이들이 왜 저에게 이런 선물을 주는지 모르겠습니다. 제가 이들을 위해 할 수 있는 것이라고는 기도밖에 없습니다. 그런데 이들은 저에게 무엇을 바라는지 모르겠습니다. 제가 난민들과 전쟁으로 고통받는 사람들을 위해 무엇을 할 수 있겠는지요."

이 기도를 한 달 동안 거의 100번은 넘게 했던 것 같습니다. 정말 진심으로 도움이 필요한 사람들에게 도움이 되고 싶었기 때문입니다. 그런데 놀랍게도 기도를 할 때마다 돌아온 응답은 똑같았습니다. 유엔에 지원하라는 응답이었습니다.

저는 응답을 받을 때마다 헛웃음이 나왔습니다. 이 응답은 저에게 상당히 부담이 되는 응답이었기 때문입니다. 정말 솔직히 말씀드리자면, 저는 당시에 따로 시간을 내서 정규직으로 근무를 할 만한 여유가 없었습니다. 그러나 시간이 지나면 지날수록 이 응답은 더욱더 세게 다가왔습니다. 그래서 저는 중동에서의 모든 여정을 마치고 다시 제가 있던 뉴욕에 도착했을 때, 공항 휴게실에서 곧장 노트북을 꺼내어 유엔 일자리UN Jobs라는 단어를 검색했습니다.

검색 결과로 나온 일자리는 유엔 안전보장이사회 정무 인턴 UN Security Council Political Affairs Intern이었습니다. 이 공고를 보고 정말 놀랐던 기억이 납니다. 안전보장이사회(안보리)는 유엔의 고위급 인사도 잘 안 뽑는 곳인데 이곳에서 정규 인턴을 뽑겠다는 공고를 올렸기 때문입니다. 심지어 이 공고는 딱 이틀만 올라와 있는 공고였습니다. 저는 공고를 보자마자 이것은 하나님께서 저만을 위해 준비하신 기회라는 확신이 들었습니다. 이틀 동안 한 명을 뽑는 공고인데 지금까지 공고가 남아있는 것을 보면, 그쪽에서도 아직 사람을 뽑지 않았겠다는 생각이 들었기 때문입니다.

지원 마감 시간까지는 1시간 30분이 남아있었습니다. 정말이지 그때만큼 살면서 고도의 집중력을 발휘했던 적이 없는 것 같습니다. 그러나 지원서를 제출한 뒤에는 더 놀라운 기적을 체험할 수 있었습니다. 지원서를 제출한 지 이틀도 되지 않아 유엔으로부터 연락을 받았기 때문입니다. 저에게 관심이 있으니 면접과 시험을 보자는 연락이었습니다.

UN에서 새롭게 맡은 임무

뉴욕이나 제네바에 있는 유엔 본부에서는 직급과 상관없이 지원서를 제출한 지 적어도 3~7개월의 시간이 흐른 뒤 지원자에게 답신을 주는 경우가 많습니다. 빠른 경우에는 1~2개월 안에 연락이 오기도 합니다. 그러나 저는 지원서를 낸 지 이틀 만에 연락을 받았습니다. 그래서 저의 경우는 하늘의 기적이 아니고서는 설명할 길이 없습니다. 심지어 저는 살면서 그렇게 모든 면접과 시험을 물 흐르듯이 치러본 적도 없습니다. 이때는 정말 기적이 임했던 것 같습니다. 지원서 제출, 면접, 시험을 끝낸 지 일주일도 지나지 않아 제가 최종 1인으로 선택됐기 때문입니다.

기분이 정말 좋았습니다. 그리고 인턴이니까 업무의 양도 많지 않겠다는 생각이 들어서 더 기뻤습니다. 그러나 첫 출근 날 배정받았던 책상 위에는 유엔 헌장 책, 안보리 의사규칙 책, 그리고 적어도 높이 1m가 되어 보이는 서류들이 산더미로 쌓여 있었습니다. 그때는 잠깐 이런 생각을 했습니다. "음… 책상을 잘못 배정받은 것 같은데, 이게 맞나?"

뭔가 이상하다는 생각이 들어서 상사에게 물어봤습니다. 그런데 상사는 웃으며 이렇게 답했습니다. "당황했죠? 나도 그 마음 알아요. 근데 요즘 우리가 정말 일이 많아요. 서류는 오전까지 다 읽고 보고서로 정리하면 될 것 같아요. 내가 준 책들은 우리 부서가 자주 사용하니까 거기에 있는 조항은 다 외우면 된다고 생각하면 돼요. 우선은 서류부터 읽어보는 게 좋을 것 같아요. 업무 지침 사항은 이따 알려 줄게요."

하늘로부터 그렇게 기적적인 체험을 선물 받았음에도 불구하고, 상사의 말을 듣는 순간에는 약 10초 정도 제 선택을 후회했습니다. 생각해보십시오. 이미 엄청난 서류 뭉치를 받았는데 출근한 지 1시간도 되지 않아 또다시 높이 1m가 족히 넘어 보이는 서류를 추가로 받는다면 기분이 어떠시겠는지요? 휴식, 점심시간은 한마디로 사치인 것입니다.

서류를 거의 기계처럼 읽는 데에는 이유가 있었습니다. 그리고 그 이유를 깨달았을 때 느꼈습니다. "그래, 이곳은 무기가 없는 전쟁터가 확실하다." 여러분께서 뉴스를 보실 때 제재 그리고 결의안이라는 단어를 들어 보신 적이 있으실 겁니다. 맞습니다. 그런 일들을 다루는 곳이 안보리입니다. 이곳이 무기가 없는 전쟁터인 데에는 이유가 있습니다. 이곳에서는 강대국들의 설전이 매분, 매초 일어나기 때문입니다.

더군다나 제가 일을 했던 시점은 시리아에서 미군이 철수를 결정했던 시점입니다. 이는 무엇을 의미할까요? 이는 즉 설전이 더 심해질 수밖에 없다는 것을 의미합니다. 많은 분들께서는 이 문제가 그렇게까지 중요한지 의문을 품으실 수도 있을 것 같습니다. 그러나 이 문제는 시리아와 아무 연관이 없어 보이는 대한민국에게도 대단히 중요한 문제입니다. 결국 세계 정치에서는 남의 일이란 없기 때문입니다.

당시 제가 서류에서 눈여겨보고 있던 것은 '힘'의 공백이었습니다. 정말 잔인하지만 미국과 같은 강대국이 시리아에서 철수를 하면 IS와 같은 테러단체는 힘의 공백을 틈타 또다시 민간인을 상대로 학살을 할 확률이 증가합니다. 그래서 이렇게 힘의 공백이 생길 때는 서류상으로나마 사전에 여러 시나리오를 분석해 놓고 있어야만 합니다. 물론 이렇게 분석을 하더라도 안보리의 상임 이사국들이 진짜 힘 싸움을 시작하면, 거의 모든 논의가 다시 처음부터 시작되기는 하지만요.

그렇게 일을 한 지 한 달이 넘었을 즈음입니다. 이날도 여느 때와 같이 기계처럼 서류를 읽고 있었습니다. 그런데 갑자기 전화가 울렸습니다. 내선 번호를 보니 상사의 상사로부터 온 연락이었습니다. 순간 멈칫했습니다. 혹시나 제가 썼던 보고서에 무슨 문제가 있어서 상사보다 더 높은 분께서 전화를 주셨나 하는 생각이 들었기 때문입니다. 떨리는 목소리로 전화를 받았습니다. 잠깐 사무실로 오라는 연락이었습니다.

조직 생활할 때 제일 무서울 때가 있습니다. 이유도 설명해주지 않고 잠깐 보자고 할 때입니다. 다행스럽게도 긴장할 필요가 없었습니다. 그분은 그저 저에게 새로운 일을 맡기려고 불렀기 때문입니다. 그러나 저는 상사의 제안을 듣는 순간 깜짝 놀랄 수밖에 없었습니다. 제가 팔레스타인에서 100번 넘게 했던 기도가 새로운 임무라는 응답으로 돌아왔기 때문입니다.

제가 받았던 제안은 이렇습니다. "와줘서 고마워요. 한 가지 일을 맡겨보고 싶어서 불렀어요. 요즘 난민 이슈가 정말 큰 문제예요. 그런데 오늘 아침 갑자기 당신이 지원서에 썼던 팔레스타인 난민촌 이야기가 생각났어요. 사실 내가 오래전부터 알고 싶던 것이 있어요. 왠지 그 일에 당신이 적임자일 것 같아요. 혹시 과거에 안보리가 관여했던 일 중에 전쟁 난민을 구출했던 사례가 어떤 것들이 있었는지 찾아봐 줄 수 있겠어요?"

저는 팔레스타인에서 분명히 이렇게 기도했습니다. "하나님, 제가 난민들과 전쟁으로 고통받는 사람들을 위해 무엇을 하면 좋을까요." 이 기도를 할 때만 하더라도 제가 받았던 응답은 유엔에 지원하라는 응답이었습니다. 저는 유엔에 들어와서 어떤 일을 맡게 될지 그 어떤 상상도 못 했습니다. 그런데 응답이 왔습니다. 전쟁 난민 구출 사례를 찾아보라는 임무로 말입니다.

안보리에서 논의된 6.25 전쟁

제가 전쟁 난민 구출 사례를 찾아보기 위해 가장 먼저 실시했던 것은 유엔의 전신이었던 국제 연맹League of Nations과 유엔 안보리의 모든 기록물을 살펴보는 것이었습니다. 1920년의 자료를 시작으로 쭉 읽다 보니 어느새 1950년의 자료까지 읽고 있었습니다. 그러나 1950년 6월의 자료로 넘어가는 순간 저는 제 눈을 의심할 수밖에 없었습니다. 1950년 6월 25일을 기점으로 모든 회의록과 결의안의 제목이 〈Complaint of aggression upon the Republic of Korea〉로 나왔기 때문입니다.

직역하자면 이 제목은 〈대한민국을 침략한 것에 대한 고발〉이라는 뜻을 가집니다. 이는 즉 한국전쟁인 6.25 전쟁을 의미합니다. 대한민국 국적자로서 1950년 6월 25일에 진행된 제473차 안보리 회의록을 읽었을 때의 그 느낌은 이루 말로 표현할 수가 없습니다. 이 모든 것이 과거의 일이라는 것을 알고 있음에도 불구하고, 회의록을 읽는 순간만큼은 이 모든 게 현재의 일처럼 느껴졌기 때문입니다.

안보리의 모든 회의록은 대중에게도 투명하게 공개되는 자료입니다. 여러분도 당시의 상황을 조금이나마 느끼실 수 있도록 제473차 안보리 회의록의 핵심 부분을 아주 짧게 번역해서 보여드리도록 하겠습니다. 회의는 뉴욕시간을 기준으로 1950년 6월 25일 오후 2시에 소집됐습니다. 그리고 이날 회의에 참석했던 국가는 다음과 같습니다. 인도, 중국(당시 안보리가 의미하는 중국은 대만을 의미합니다.), 쿠바, 에콰도르, 이집트, 프랑스, 노르웨이, 영국, 미국, 유고슬라비아, 대한민국.

인도(안보리 의장) : 사무총장님, 한국에서 일어난 상황에 대해 새로운 소식이 들어왔는지요? [34]

유엔 사무총장 : 뉴욕시간 기준 어제 자정쯤 한국에서 전쟁이 일어난 것 같다는 전보를 받았습니다. 사실 확인을 위해 국제연합한국위원회United Nations Commission on Korea에 속히 전보를 넣었고, 오늘 아침 위원회로부터 답장을 받았습니다. 관련 답장은 S/1496 보고서로 안보리에 전달한 상태입니다. [35]

미국 : 발언을 하기 전 대한민국 정부의 대표 자격으로 이곳에 온 장면 주미한국대사가 이번 안보리 회의에 동참할 것을 제안하고 싶습니다. [36] (회의록에 Mr. John M. Chang으로 표기돼 있으며, 당시에는 장면 전 국무총리가 주미한국대사를 역임했습니다.)

인도(안보리 의장) : 그렇다면 안보리 의사규칙 제39조에 따라 대한민국 정부의 회의 동참 여부를 결정하도록 하겠습니다. 이의가 없다면 의장의 자격으로 동참을 허락하겠습니다. (생략) 이의가 없으니 이로써 대한민국 정부의 회의 참여를 허락하겠습니다. [37)](#)

미국 : 한국시간 기준 6월 25일 일요일 새벽 4시, 북한군은 정당한 이유 없이 대한민국을 상대로 기습 공격을 가했으며 38선을 넘었습니다. 이것은 평화를 사랑하고 자유를 사랑하는 만국의 정부와 국민에게 위협을 가하는 중대한 사안입니다. 현재 북한은 한국을 상대로 전면 공격을 시행하고 있습니다. 이것은 유엔 헌장의 목표를 부인하는 기습 침공이기도 합니다. 그런 의미에서 저희 미국은 결의안 초안을 작성해봤습니다. 의장님께서만 허락하신다면 제가 미국을 대표하여 결의안 초안을 읽어보겠습니다. [38)](#)

대한민국 : 북한의 의도는 하나입니다. 대한민국 정부를 전복시켜 대한민국을 북한의 공산권 아래 두려는 것입니다. 이것은 인도에 반하는 범죄행위Crimes against humanity이며 국제 사회의 평화와 안정을 위협하는 침략행위이기도 합니다. 대한민국은 안보리가 조속히 국제 사회에 가해지는 이 위협을 제거하기를 희망하며, 안보리가 이 전

쟁을 멈춰줄 것 또한 호소합니다. [39]

중국(대만) : 이번 사안은 그 무엇보다 신속한 대응이 중요한 것 같습니다. 우리가 지금 이렇게 뜸 들이고 있는 것은 오히려 북한에 더 큰 공격의 기회를 제공하는 것과 다름이 없습니다. 빨리 움직이지 않으면 문제만 더 커질 것이 분명합니다. [40]

외교에 관심이 많으신 분께서는 이 회의록을 더욱 흥미롭게 읽으셨으리라 생각합니다. 그리고 눈치가 빠르신 분은 이 회의록에 뭔가 이상한 점이 있다는 것을 발견하셨을 것입니다. 그렇습니다. 이 회의록에는 소련이 부재합니다. 당시의 소련은 미국, 영국, 프랑스, 중국과 함께 안보리 상임이사국을 맡고 있었습니다. 안보리 규칙으로만 따지자면, 원래 소련이 회의에 참석하는 것은 너무나 당연한 일입니다. 그러나 제가 보여드린 제473차 안보리 회의록에는 소련이 등장하지 않습니다. 왜 그럴까요? 그 이유는 바로 중국을 향한 안보리 이사국들 간의 견해차가 있었기 때문입니다.

안보리 회의록을 보면 소련은 1950년 1월부터 회의에 참여할 것을 거부했습니다. 왜일까요? 힘의 논리 때문에 그렇습니다. 소련의 힘이 더욱 강해지려면 안보리에 중화민국(대만)이 아닌 중화인민공화국(베이징을 수도로 하는 사회주의 중국)이 참여해야 하는데, 당시의 유엔은 중국 공산당의 대표권은 인정하지 않았습니다. 한마디로 소련은 유엔에 불만을 표시하기 위해 회의 보이콧을 했던 것이지요.

여기서 한 가지 중요하게 생각해봐야 하는 질문이 있습니다. 만약에 소련이 제473차 안보리 회의에 참석을 했다면, 과연 미국이 제출했던 결의안 초안은 통과될 수 있었을까요? 그리고 우리 정부도 안보리 회의에 참여할 수 있었을까요? 아니요. 희박했을 것입니다. 두 가지 이유 때문입니다.

우선 첫 번째, 1950년이라는 시대적 상황을 고려한다면 이때는 냉전의 초기 단계입니다. 이는 즉 미국과 소련 간의 관계가 경쟁 관계로 발전하고 있었다는 것을 의미합니다. 두 번째 이유는 소련의 단독 행동입니다. 소련은 이미 유엔 밖에서 북한의 6.25 도발을 사전에 동의하고 있었습니다. 그렇기 때문에 만약에 소련이 안보리 회의에 참석을 했다면, 소련은 이미 6.25 전쟁을 승인했기 때문에 미국의 결의안 초안을 통과시키지 않았을 것입니다. 우리 정부의 회의 참여는 더더욱 거부했을 것이고요.

그러나 소련은 회의에 참석하지 않았습니다. 이것은 명백한 소련의 실수였습니다. 그러나 그 덕분에 안보리는 미국이 제출했던 결의안 초안을 받아들여 이를 각각 안보리 결의안 82호, 83호, 84호로 통과시킬 수 있었습니다.

놀랍지만 이 결의안들은 대한민국의 운명을 바꿔 놓은 결의안들입니다. 이들은 각각 1) 북한군 철수 요구, 2) 북한군 격퇴에 필요한 유엔의 원조 제공 권고, 3) 북한군 격퇴를 수행할 통합부대 구성과 4) 유엔기 사용 등을 승인했던 법적인 근거들이기 때문입니다.

막순아,
여기 운동장이 아니다

이 결의안들이 없었으면 우리는 미군을 주축으로 한 유엔군의 지원을 받지 못했을 것입니다. 그래서 어떻게 보면 소련의 회의 보이콧은 대한민국에게 있어서 기적과도 같았습니다. 그런데 6.25 전쟁에는 이런 기적과도 같은 일이 또 한 번 있었습니다. 그것은 바로 흥남 철수 작전입니다.

혹시 영화 《국제시장》을 보신 적이 있으신지요? 이 영화의 가장 첫 장면이 바로 흥남 철수 작전입니다. 저는 아직도 이 영화의 첫 장면을 잊을 수 없습니다. 주인공이었던 덕수가 자신의 여동생이었던 막순이에게 "막순아, 여기 운동장이 아니다. 오라바이 손 꽉 잡아라"라는 대사를 들었을 때는 정말 눈물만 났습니다. 운동장에서 뛰어놀아야 할 아이들이 평화보다 전쟁을 먼저 배웠기 때문입니다.

덕수는 전쟁 난민이었습니다. 그런데 영화에서 덕수는 결국 배에 타서 부산으로 피신할 수 있었습니다. 몇몇 분들께서는 이게 뭐 그리 대단한 일이냐고 반문하실 수도 있습니다. 그러나 저는 감히 말합니다. 덕수가 배를 탈 수 있었던 것은 모두 흥남 철수 작전 덕분이었다는 것을요. 놀라운 사실이지만 전 세계 역사상 그 누구도 전쟁 난민을 직접적으로 구출했던 적이 없습니다. 그러나 전 세계 최초이자 최대의 규모로 전쟁 난민을 구출했던 작전이 있습니다. 그것이 흥남 철수 작전이고, 이 작전은 그 누구의 땅도 아닌 우리의 땅인 한반도에서 수행됐습니다.

흥남 철수 작전의 배경을 이해하기 위해서는 1950년 12월 초에 치러진 장진호 전투를 이해해야 합니다. 간단히 말씀을 드리자면, 이 전투는 중공군이 유엔군을 포위하여 퇴로를 막기 위해 치렀던 전투입니다. 군대를 다녀오신 분들은 아실 겁니다. 전투를 하면서 퇴로를 확보하는 게 얼마나 중요한지를 말입니다. 전투 시 퇴로가 없으면 후퇴를 할 수 없습니다. 그래서 육로를 이용한 퇴로가 막힐 때는 해상이나 공중 작전을 통해서라도 후퇴를 해야 합니다.

함경도 지역의 지리적 상황과 당시의 군사적 기술을 생각한다면, 유엔군은 해상 작전을 통해 후퇴할 수밖에 없었습니다. 그리고 이 이유로 유엔군의 사령관이었던 맥아더 장군은 함경도 지역에서 유엔군을 끌고 있던 에드워드 알몬드 장군에게 흥남항으로 대피하여 후퇴를 하라고 명령했습니다. [41]

맥아더 장군의 철수 명령에는 한 가지 특징이 있었습니다. 그것은 이 작전에 군과 군수 물자의 철수는 포함하지만, 피란민의 철수는 포함하지 않았다는 것입니다. 사실 그 어떤 전쟁사를 보더라도 대부분의 철수 작전은 군을 위해 시행하지, 민간인을 위해 시행되지는 않습니다. 그러니 제2차 세계대전 당시 이루어진 그 유명한 덩케르크 작전Dunkirk Evacuation 도 연합군을 대규모로 구출한 작전으로 알려졌지, 피란민을 구출한 작전으로 알려진 것은 아닙니다.

피란민을 위한
흥남 철수 작전

맥아더 장군이 명령했던 것과는 달리 흥남 철수 작전에 피란민의 구출을 포함해야 한다고 강력하게 주장했던 이가 있습니다. 그는 바로 알몬드 장군의 통역병이었던 현봉학 선생님입니다. 만약에 우리의 역사에 현봉학 선생님께서 계시지 않았더라면, 흥남항에 모여 있던 피란민은 그 자리에서 사망했을 것입니다.

당시의 북한군과 중공군에는 특징이 있습니다. 그들은 유엔군에게 도움을 준 민간인에게 자비를 베풀지 않았다는 것입니다. 그리고 이 사실을 너무나 잘 알고 계시던 현봉학 선생님께서는 알몬드 장군에게 피란민도 구출해야 할 것을 끈질기게 설득하셨던 것입니다.

처음에 알몬드 장군은 이 제안을 거절했습니다. 총 세 가지 이유 때문입니다. 첫 번째 이유는 피란민의 수입니다. 당시 흥남항에 몰려 있던 군인과 피란민의 수는 약 20만 명입니다. 20만이 큰 숫자로 느껴지지 않으시다면, 강릉시의 인구를 생각해보시면 됩니다. 강릉시 인구가 약 21만입니다. 평시에도 20만의 인구를 옮긴다는 것은 거의 불가능에 가깝습니다. 그러니 전쟁 중에 20만 명을 구한다는 것은 더더욱 불가능에 가까운 이야기인 것입니다.

두 번째 이유는 무기입니다. 무기는 전쟁 중에 두 가지 역할을 맡습니다. 하나는 실질적인 공격력 향상이고 다른 하나는 방어력 향상입니다. 그런데 피란민을 배에 태우기 위해서는 배에 싣고 있던 무기를 버려야만 합니다. 이는 무엇을 의미하겠는지요? 공격력과 방어력 모두를 잃을 수 있다는 것을 의미합니다. 세 번째 이유는 간첩입니다. 첩보는 전쟁의 국면을 바꿀 수 있을 정도로 중요한 역할을 맡습니다. 그러나 피란민 중에 간첩이 한 명이라도 섞여 있다면, 군은 난민 구출이라는 명분 때문에 더 큰 위험을 안게 될 수도 있는 것입니다.

이 이유 중에서 알몬드 장군이 가장 고민했던 문제가 있습니다. 바로 피란민의 수입니다. 당시 유엔군이 보유하고 있던 배의 수는 20만 명의 군인과 피란민을 태우기에는 턱없이 부족했습니다. 이러한 이유로 알몬드 장군은 고민 끝에 현봉학 선생님께 한 가지 조건을 주문했습니다. 최대한 많은 배를 모아 온다면, 한번 피란민 구출 작전을 고민해보겠다는 것이었습니다.

193척의 배와
메러디스 빅토리호의 기적

최대한 많은 선박을 모으기 위해서는 작전의 통제관이었던 에드워드 포니 대령의 도움을 받아야 했습니다. 포니 대령은 피란민 구출 작전에 있어서 대단히 우호적인 입장을 보였던 인물입니다. 그래서 그는 현봉학 선생님과 함께 총 193척의 선박을 모음으로써 흥남 철수 작전의 기적을 일으킨 장본인이라고 해도 과언이 아닙니다.

전쟁 중에 193척의 배를 모은다는 것은 기적 중에서도 기적입니다. 저는 개인적으로 포니 대령과 현봉학 선생님과 같은 분들께서 존재하셨다는 사실도 기적처럼 느껴집니다. 이들은 피란민을 살리기 위해 수단과 방법을 가리지 않았기 때문입니다. 그런데 어떻게 보면 이들은 군인이었기 때문에 자신이 해야 하는 일을 한 것이라고 볼 수도 있습니다.

그러나 193척의 배 중에는 미국의 군함뿐만이 아니라 우리의 민간인 어선, 미국의 상선, 그리고 일본의 상선도 있었습니다. 군함을 제외한 모든 배는 민간인 소유의 배입니다. 민간인은 군인이 아닙니다. 그러나 배를 몰고 흥남항으로 왔던 민간인은 자기 일도 아닌 대한민국이라는 당시의 최빈국 출신의 피란민을 살리기 위해 그 먼 곳에서부터 왔던 것입니다.

제가 이런 말을 하면 몇몇 사람들은 "야, 감성팔이랑 생명 타령 좀 그만해"라는 말을 합니다. 감성팔이라… 글쎄요. 저는 그 누구보다 현실적인 사람이기 때문에 현실성을 좋아하는 분들을 위해서라도 매우 계산적인 말씀을 드려보려고 합니다. 아시는지 모르겠지만 6.25 전쟁이 일어났던 당시의 대한민국은 최빈국 중에서도 최빈국이었습니다. 여러분께서는 왜 한국 정부가 아프리카 국가들 중 에티오피아에게 가장 많은 원조를 공여하는지 아시는지요? 다른 이유 없습니다. 에티오피아가 6.25 전쟁 당시 우리를 도왔기 때문입니다.

현재 에티오피아는 개발도상국입니다. 그런데 에티오피아가 1950년에는 우리보다 훨씬 더 돈도 많고 힘도 강했습니다. A라는 국가가 B라는 국가를 도울 때는 A가 B보다 능력이 있어야 도울 수 있는 것입니다. 그럼 이것은 무엇을 의미하겠는지요? 백날 여러분이 최빈국 대한민국을 돕는다고 해도, 대한민국이 여러분께 드릴 수 있는 이익은 없었다는 것을 의미합니다.

사람 목숨이 달린 문제에 어떻게 이익 이야기를 하는지에 대해 반문하실 수도 있을 것 같습니다. 비인간적이지요? 그러나 이것이 잔인할 정도로 냉혹한 국제 사회의 현실입니다. 생각해보세요. 생명이 그렇게 중요한 것이라면 왜 이때까지 전 세계 역사상 그 어떤 강대국도 직접적으로 전쟁 난민을 구출하겠다고 나선 적이 없던 것일까요? 간단한 논리입니다. 계산을 해봤을 때 투입 대비 이익이 크지 않다는 생각이 들면 개입하지 않는 것입니다. 얻을 게 없는데 굳이 손해 볼 필요가 없다는 것이지요.

그런 점에서 이 역사를 보고도 지금 이 모든 게 감성팔이라고 생각되신다면, 이 사실을 기억해주세요. 우리 모두 그 덕분에 대한민국이라는 땅에서 기적적으로 살아가고 있다는 것을 말입니다. 이것이 바로 전쟁의 손익계산입니다. 그런데 놀라운 것은 뭔지 아시는지요? 죽으면 이런 손익계산도 아무 의미가 없다는 것입니다. 죽으면 모든 것이 사라지기 때문입니다.

그래서 저처럼 죽음의 의미를 간접적으로 체험하거나 소방관, 경찰관, 의사, 간호사, 군인처럼 사람의 목숨을 조금이라도 다루는 사람들의 머릿속에는 단 하나의 생각만 존재합니다. 그것은 바로 수단과 방법을 가리지 않고서라도 최대한 많은 생명을 살려야 한다는 생각입니다.

생명을 살리는 깃. 이것이 인류애입니다. 민간인이어도 배를 몰고 흥남항으로 왔던 이들은 인류애가 무엇인지 알기 때문에 그 어떤 손익계산 없이 피란민만 보고 왔던 것입니다.

그리고 193척의 배 중에서 인류애의 기적을 가장 극적으로 보여줬던 배가 있습니다. 메러디스 빅토리Meredith Victory 호입니다.

메러디스 빅토리호는 본래 항공유를 싣고 있던 화물선으로서 이 배의 총정원 제한은 59명이었습니다. 사실 이 배의 정원 제한이 적을 수밖에 없던 데에는 이유가 있습니다. 화물선은 말 그대로 화물을 선적하려고 존재하기 때문입니다. 그럼 이는 무엇을 의미하겠는지요? 사람을 태우기 위해서는 배에 있던 모든 것을 버려야 했다는 것을 의미합니다.

실제로 메러디스 빅토리호의 선장이었던 레너드 라루 선장은 모든 무기를 바다에 버리고 피란민을 태웠습니다. 무기를 바다에 버린다는 것은 상상을 초월하는 행동입니다. 피란민 구출을 승인했던 알몬드 장군은 무기를 선적하고 남는 공간에 피란민을 태울 것을 명령했기 때문입니다. 그러나 라루 선장은 이를 무시하고 피란민을 태웠습니다. 무려 1만 4천 명에 달하는 피란민을 말입니다.

당신이라는 고귀한 기적
··

메러디스 빅토리호가 흥남항을 떠날 때 이 배에 타고 있던 피란민의 수는 1만 4천 명이었습니다. 그러나 1950년 12월 25일 메러디스 빅토리호가 경상남도 거제에 도착했을 때는 피란민의 수가 총 1만 4천 5명으로 집계됐습니다. 여러분께서는 왜 5명의 숫자가 늘었는지 혹시 짐작이 가시는지요? 네, 맞습니다. 이 배에서 총 5명의 새로운 생명이 탄생했기 때문입니다.

놀랍지만 전쟁 속에서도 새로운 생명은 꽃을 피웁니다. 그래서 어떻게 보면 기적은 장소와 시간을 구분 짓지 않습니다. 그런데 기적이 일어나려면 한 가지 조건이 필요합니다. 기적은 오로지 살아있는 생명체를 통해서만 생기기 때문에, 누군가는 반드시 살아야 한다는 것입니다.

제가 팔레스타인 난민촌에서 아들을 잃은 여인을 보며 기도했던 이유는 하나입니다. 그 여인이 죽지 않고 오래 살았으면 하는 마음이 있었기 때문입니다. 제가 또 다른 난민촌에 방문하여 그들의 목소리를 들으려고 했던 이유도 하나입니다. 어떻게 하면 이들도 행복하게 살 수 있는지 함께 고민해보고 싶었기 때문입니다. 제가 난민들로부터 유엔 배지를 선물 받고 유엔에 지원했던 이유는 하나입니다. 저는 방법을 모르지만 유엔은 왠지 사람을 살리는 법을 알 수도 있겠다는 마음이 들었기 때문입니다.

유엔군이 흥남 철수 작전에 피란민 구출을 포함했던 이유는 하나입니다. 전쟁 때문에 고통받는 무고한 시민을 최대한 많이 살리기 위해서였습니다. 라루 선장이 메러디스 빅토리호에 1만 4천 명의 피란민을 태울 수 있었던 이유는 하나입니다. 새로운 생명이 살아남아서 꼭 값지게 살라는 인간의 소망이 있었기 때문입니다. 그리고 메러디스 빅토리호에서 피란민의 수가 1만 4천 5명으로 최종 집계된 이유는 하나입니다. 인간의 인류애가 5명이라는 새로운 생명을 탄생시켰기 때문입니다.

이 모든 것이 과거의 역사인지라 별것 아닌 것처럼 느껴질 수 있습니다. 피부로 와닿지 않으니까요. 그런 것처럼 기적은 별 게 기적이 아닙니다. 살아있는 것이 기적입니다. 살아 있어야 새로운 길도 열리고 새로운 마음도 생깁니다.

죽으면 아무 소용이 없습니다. 죽으면 새로운 기적을 맞이할 창구가 영원히 닫히기 때문입니다. 그럼에도 불구하고 어떤 이는 모든 것을 내려놓은 것처럼 말합니다. "그냥 죽어버릴까?"

우리 사회에는 실제로 모든 것을 내려놓는 이들도 있습니다. 사는 것이 힘드니, 살고 싶다는 마음보다 그냥 다 내려놓고 싶은 마음이 더 크기 때문입니다.

　한 사람이 죽음에 대해 생각하는 것은 절대 쉬운 일이 아닙니다. 그런 생각을 하기까지에는 그 혹은 그녀만의 방식으로 도움을 요청했을 것이고, 남들에게는 말 못 하는 혼자만의 고통이 있었을 것입니다. 그러나 저는 혹시라도 삶을 포기하고 싶은 분들께 이 말씀을 드리고 싶습니다. "그간 많이 힘드셨지요. 그 마음 이해합니다. 그럼에도 당신은 살아야 할 이유와 가치가 충분합니다. 당신은 이 세상에 유일무이한 당신이기 때문입니다."

　대한민국 인구의 수는 5천만 명입니다. 우리는 5천만 분의 1이라는 확률로 살아가고 있습니다. 이 모든 것이 1%도 안 되는 확률입니다. 그런데 당신과 저는 이런 1%도 안 되는 확률을 붙잡고 기적적으로 숨 쉬고 있습니다.

　아무리 몇천, 몇만, 몇억 명이 존재한다고 하더라도 그 누구도 당신이라는 생명체를 대신할 수는 없습니다. 그래서 당신이 살아있다는 것은 기적입니다. 당신은 이미 말도 안 되는 확률로 말이 되는 기적의 역사를 쓰고 있기 때문입니다. 당신은 살아 있는 기적입니다. 살아 있어야만 기적이 또 다른 기적을 불러올 수 있습니다. 그래서 저는 당신이 행복하고 건강하게 오래오래 살았으면 좋겠습니다.

포기하지 않으면, 하늘도 언젠가는 당신이라는 생명의 역사에게 아주 놀라운 기적을 선물로 주실 것입니다. 그동안 잘해왔고 지금도 잘하고 있습니다. 사실 그렇게까지 잘하지 않아도 괜찮습니다. 이미 존재하는 것만으로도 잘하고 계시는 것입니다.

탈무드에는 이런 문장이 있습니다. "한 사람을 구하는 것은 온 인류와 세상을 구하는 것이다." 저는 당신의 역사가 자신의 생명부터 소중히 아끼는 역사가 되기를 소망합니다. 그럼 당신은 이미 당신이라는 생명을 구했으니, 온 인류와 세상을 구하는 기적의 역사도 쓸 수 있을 것입니다.

토끼 같은 삶을 사는 사람이 있고 거북이 같은 삶을 사는 사람이 있습니다. 거북이 같은 삶을 사는 사람에게는 선물이 늦게 도착하는 것처럼 느껴질 수도 있습니다. 그러나 조금만 기다려 주세요. 곧 당신의 눈앞에 바다가 나타날 것입니다.

그런 의미에서 이제 곧 바다에서 멋지게 헤엄칠 당신과 그곳에서 펼쳐질 당신의 기적을 위해, 저도 포기하지 않고 끝까지 함께 기도하겠습니다. 고귀한 생명의 기적이여, 존재해 주셔서 고맙습니다.

.
.
.
.

기적은 별 게
기적이 아닙니다.
살아있는 당신이
기적입니다.

기적이 그리우신지요?
그럼 곽진언과 김필의 〈군세어라 금순이〉를 들어보세요.

고마운
역사께

.
.
.
.
.

저는 능력이 있는 사람은 아닙니다. 오죽하면 어렸을 때는 공부도 못하고 말도 느려서 주변인으로부터 거북이 느림보 탱크라는 별명까지 얻을 정도로 모든 것이 서툴렀습니다. 공부도 못하고 말도 느렸지만, 저는 어릴 때부터 역사 특히 세계사 마니아였습니다. 모두 저희 아버지 덕분입니다.

저희 아버지께서는 그 누구보다 역사를 사랑하십니다. 그래서 예전에 제가 살고 있던 집은 늘 역사책으로 가득했습니다. 오죽하면 아버지께서는 역사를 너무나도 사랑하셔서 부엌, 화장실, 거실, 집안의 곳곳에 역사책을 두셨습니다. 그리고 그 덕분에, 저는 지혜가 필요할 때마다 역사를 찾는 사람이 됐습니다. 아버지가 아니셨으면 저는 역사가 인간에게 주는 선물이 무엇인지 모르고 살았을 것입니다. 그런 점에서 역사를 통해 과거의 인물들과 대화할 수 있는 능력을 선물로 주신 아버지께 진심으로 감사드린다는 말씀을 전하고 싶습니다.

저희 어머니께서는 하루에도 몇 번씩 기도를 하십니다. 제가 어렸을 적 거북이 느림보 탱크라는 놀림을 받을 때, 어머니께서는 저에게 늘 이렇게 말씀하셨습니다. "길고 짧은 것은 대봐야 알아." 어머니의 한없는 신뢰와 사랑 그리고 기도가 없었으면, 저라는 사람은 지금 존재하지 않을 것입니다. 그런 의미에서 저에게 조건 없는 헌신과 사랑을 보여주신 어머니께서는 세상 그 누구보다 위대한 존재이십니다. 저에게 사랑의 헌신을 가장 먼저 보여주신 어머니께 진심으로 감사드린다는 말씀을 전하고 싶습니다.

저희 언니는 정의감이 투철한 여인입니다. 정의감 있는 자매 덕분에 세상이 자꾸 악의 손짓을 보내와도, 저 또한 언니를 따라 정의감으로 똘똘 뭉칠 수 있었습니다. 그런 점에서 저와 함께 정의로운 동역자가 되어주는 언니에게 진심으로 고맙다는 말을 전하고 싶습니다. 그리고 그런 정의로운 누나들을 그 작은 몸집으로 늘 곁에서 지켜줬던 나의 동생 프린스와 지금도 곁에서 지켜주는 우리 막냇동생 해피에게도 진심으로 고맙다는 말을 전하고 싶습니다.

마지막으로 이 책을 선택해주신 여러분께도 진심으로 감사드린다는 말씀을 전하고 싶습니다. 저는 이 책을 썼지만, 이 책을 당신의 역사라는 삶 속에서 행동으로 실천해야 하는 분은 바로 여러분입니다. 저는 이 책을 읽고 계신 분 중에 분명히 우리의 역사를 찬란하게 빛내주실 분이 나타나리라 굳게 믿습니다. 그게 여러분일 수 있고, 저일 수 있고, 우리 모두일 수 있습니다.

당신의 역사가 또 다른 역사를 만났으니, 여러분은 이제 못할 것이 없습니다. 위인만 역사를 쓰는 것이 아닙니다. 우리 모두 역사의 주인공이 될 수 있습니다. 모든 것은 마음먹기에 달렸습니다. 우리에게는 모든 것이 허락됐습니다. 우리는 불가능을 가능으로 만들기 위해 태어났습니다. 그럼 그런 존재에게는 모든 것이 가능하지 않겠는지요?

그러니 두려워하지 마시고 담대하게 나아가세요. 여러분은 그럴 자격이 있는 역사입니다. 할 수 있고, 모든 것은 가능하고, 저는 당신을 믿습니다.

참고문헌

- 강민희, 《Who? 루이 브라유》, 다산어린이, 2013

- 김도훈, 2021년 5월 22일, 〈아름답고 불순한 리펜슈탈의 영상은 왜 금지되지 않았나〉, 한겨레

- 김영진, 하워드 진, 레베카 스테포프, 《하워드 진 살아있는 미국역사 : 신대륙 발견부터 부시 정권까지, 그 진실한 기록》, 추수밭, 2008

- 김장민, 2021년 7월 19일, 〈중미 100년 대결전… 최종승자는?〉, 오마이뉴스

- 김태곤, 하경진, 〈쿠바농업의 이해와 협력가능성〉, 한국농촌경제연구원, 《세계농업》 제191호

- 박환, 《강우규 의사 평전》, 선인, 2010

- 박형주, 2021년 6월 18일, 〈라루 선장, 크리스마스 피란민 1만 4천 명에 생명 선물〉, VOA

- 송승종, 스탠리 웨인트라웁, 《장진호 전투와 흥남철수작전 : 현봉학 박사와 포니 대령의 미담사례 포함》, 북코리아, 2015

- 신석호, 2020년 12월 18일, 〈김정은은 언제쯤 대중과 진짜 소통을 할까〉, 동아일보

- 안철환, 요시다 타로, 《생태도시 아바나의 탄생》, 들녘, 2004

- 오현영, 2017년 7월 11일, 〈풍족한 삶 버리고 조국을 택했다, 이회영(李會榮)〉, 조선일보

- 왕길환, 2018년 12월 12일, 〈독립운동가들이 꿈꾼 대한민국은 어떤 나라였을까〉, 연합뉴스

- 은예린, 《강우규 평전》, 책미래, 2015년

- 이다희, 테사 포터, 헬레나 오웬, 《루이 브라유》, 비룡소, 2010

- 이석렬, 2019년 9월 17일, 〈차이콥스키 피아노협주곡 1번, 왜 미국서 초연됐을까〉, 중앙일보

- 전용갑, 신정환, 황순양, 박영미, 《라틴아메리카 역사 산책 : 올메카문명에서 쿠바혁명까지》, HUEBOOKs, 2018

- 정운현, 《노구를 민족제단에 바친 의열투쟁가 강우규》, 역사광산, 2010

- 정준호, 《차이콥스키 : 세계인의 마음을 움직인 불가강의 영혼》, 아르테, 2021

- 정지섭, 2014년 6월 6일, 〈쿠바 관타나모에 미국의 수용시설… 왜 적대國에 지었나〉, 조선일보

· 정진상, 아비바 촘스키, 《쿠바혁명사 : 자유를 향한 끝없는 여정》, 삼천리, 2014

· 클래식 클라우드, 2021년 2월 24일, 〈모차르트를 좋아한 법학도 차이코프스키〉, 클래식 클라우드

· 허진, 오드리 설킬드, 《레니 리펜슈탈 : 금지된 열정》, 마티, 2006

· 현봉학, 《현봉학 : 흥남철수작전의 주역, 동포를 사랑한 휴머니스트》, 북코리아, 2017

· Alan Riding, 2003년 9월 9일, 〈Leni Riefenstahl, Filmmaker and Nazi Propagandist Dies at 101〉, The New York Times

· Alistair Boddy-Evans, 2019년 3월 2일, 〈Harold Macmillan's "Wind of Change" Speech〉, ThoughtCo

· Andrew Carr, 2019년 9월, 〈No longer a Middle Power: Australia's Strategy in the 21st Century〉, Focus Strategique 92, IFRI

· Andrew F. Cooper, 2015년 7월, 〈Beyond the middle power model: Canada in a reshaping global order〉, South African Journal of International Affairs 22(2)

· Angel Luis Gonzalez Esteban, Elisa Botella-Rodriguez, 《Land Reform & Agriculture Globalization: Spain (1931–1939), Cuba (1990–2008) and the Food Sovereignty Approach》, LAP Lambert Academic Publishing, 2017

· Anthony Bergins, 2013년 10월, 〈Is Australia a pivotal power?〉, Australian Strategic Policy Institute

· Anthony Holden, 《Tchaikovsky: A Biography》, Random House, 1998

· Ashley Fantz, 2002년 10월 1일, 〈Happy birthday, Leni Riefenstahl〉, Salon

· Billy C. Mossman, 《Ebb and Flow: November 1950–July 1951》, Center of Military History, United States Army, 1990

· Christian Today, 2018년 1월 4일, 〈Blind but now I see: The Christian legacy of Louis Braille〉, Christian Today

· Christopher Hope, 2003년 8월 11일, 〈Mugabe's ties to the architect of apartheid〉, The Guardian

· David Nash, Carmelo Lisciotto, 2010년, 〈Leni Riefenstahl〉, Holocaust Research Project

· Emilio Angeles, 2022년 1월, 〈Special Report: Canada and Neo-Middle Power Diplomacy in the Indo-Pacific〉, NATO Association of

Canada

· Evegeniya Gurevich, 2020년 1월 11일, 〈A Composer, a Human, a Brand: We celebrate the 180th anniversary of the great Russian composer Pyotr Tchaikovsky〉, UNESCO Russia.

· Government Communication and Information System, 2018년 5월 10일, 〈Read: Nelson Mandela's inauguration speech as President of SA〉, South African Government Information Website.

· Jose Bell Lara, Tania Caram Leon, Delia Luisa Lopez Garcia, 〈Fidel in the Cuban Socialist Revolution: Understanding the Cuban Revolution (1959–1961)〉, Brill, 2019년 12월 12일

· Karin Wieland, 《Dietrich & Riefenstahl: Hollywood, Berlin, and a Century in Two Lives》, Liveright Publishing Corporation, 2015

· Leni Riefenstahl, 《Leni Riefenstahl: A Memoir》, Picador, 1995

· Leonard Thompson, 《A History of South Africa》, Yale University Press, 2014

· Modeste Tchaikovsky, 《Life and Letters of Peter Ilich Tchaikovsky》, University Press of the Pacific, 2004

· Salim Lamrani, 《The Economic War Against Cuba: A Historical and Legal Perspective on the U.S. Blockade》, New York University Press, 2013

· Security Council Official Records, 〈5th Year: 473rd Meeting 25 June 1950〉, United Nations, New York

· Stephen Nagy, 2020년 11월, 〈Pivoting Towards Neo-Middle-Power Diplomacy: Securing Agency in an Era of Great Power Rivalry〉, Canadian Global Affairs Institute

· Steven Bach, 《Leni: The Life and Work of Leni Riefenstahl》, Knopf, 2007

· George McCall Theal, 《History of the Emigrant Boers in South Africa : The Wanderings and Wars of the Emigrant Farmers》, Wentworth Press, 2019

미주

1) 다행히 차이코프스키의 아버지는 차이코프스키가 법관을 그만두고 음악 학교에 다시 도전하고 싶다고 했을 때 그의 꿈을 허락하셨습니다. 나머지 가족들의 반응은 극적으로 나뉘었습니다. 참고: 클래식 클라우드, 2021년 2월 24일, 〈모차르트를 좋아한 법학도 차이코프스키〉, 클래식 클라우드.

2) 차이코프스키의 친척들은 차이코프스키가 음악가가 되고 싶다고 했을 때 그의 꿈을 가장 크게 반대했습니다. 이 중에서도 차이코프스키의 삼촌이었던 페트르 페트로비치는 차이코프스키가 법관을 그만두자 그를 무가치한 인간이라고 깎아내렸습니다. 참고: Evegeniya Gurevich, 2020년 1월 11일, 〈A Composer, a Human, a Brand: We celebrate the 180th anniversary of the great Russian composer Pyotr Tchaikovsky〉, UNESCO Russia.

3) 1893년 2월 차이코프스키가 그의 조카에게 보낸 편지 내용 중 일부입니다.

4) 본 음악 칼럼은 차이코프스키와 그의 친구였던 루빈스타인의 관계에 대해 자세히 설명해줍니다. 그리고 차이코프스키가 〈피아노 협주곡 1번〉을 루빈스타인에게 헌정했을 때 루빈스타인이 어떤 자세로 나왔는지 자세히 보여줍니다. 참고: 이석렬, 2019년 9월 17일, 〈차이콥스키 피아노협주곡 1번, 왜 미국서 초연됐을까〉, 중앙일보.

5) 위와 동일

6) 위와 동일

7) 캐나다는 정부보다 학자들이 캐나다의 역할론에 대해서 논의를 먼저 시작했습니다. 그 결과 캐나다 정부는 Two Track(싱크탱크 주도) 대화 채널에서 캐나다 정부의 정체성에 대한 새로운 논의를 펼쳤습니다. 캐나다는 Two Track 대화 채널에서 '중추국' 그리고 '새로운 중견국'이라는 표현을 사용합니다. 아래의 출처를 참고해보시길 바랍니다.

· Andrew F. Cooper, 2015년 7월, 〈Beyond the middle power model: Canada in a reshaping global order〉, South African Journal of International Affairs 22 (2). (학자 발언 관련)

· Stephen Nagy, 2020년 11월, 〈Pivoting Towards Neo-Middle-Power Diplomacy: Securing Agency in an Era of Great Power Rivalry〉, Canadian Global Affairs Institute. (싱크탱크 발언 관련)

· Emilio Angeles, 2022년 1월, 〈Special Report: Canada and Neo-Middle Power Diplomacy in the Indo-Pacific〉, NATO Association of Canada. (캐나다 외무부, 싱크탱크 발언 관련)

8) 호주는 정부와 싱크탱크 모두 비슷한 시점에 '중견국'의 역할론에 대해 논의했습니다. 호주는 '글로벌 중견국'과 '역내 강대국'이라는 타이틀을 사용합니다. 호주가 이러한 변화를 추구하게 된 데에는 중국의 영향과 미중관계가 큰 영향을 끼쳤습니다. 다음의 자료에서 더 자세한 내용을 확인하실 수 있습니다. 참고: Andrew Carr, 2019년 9월, 〈No longer a Middle Power: Australia's Strategy in the 21st Century〉, Focus Strategique 92, IFRI.

9) 호주는 2020년 〈Defense Strategic Update〉를 발표했습니다. 스콧 모리

슨 호주 총리는 호주가 명백한 '역내 리더'라는 것을 직접적으로 언급했으며, 본 주장의 논리는 ASPI라는 호주의 싱크탱크가 분석한 '중추국'의 논리를 반영했습니다. 논리는 다음과 같습니다. 중견국이라는 이름 아래 호주의 비전을 감춰서는 안 된다는 논리입니다. 본 내용을 다음의 자료에서 확인하실 수 있습니다. 참고: Anthony Bergins, 2013년 10월, 〈Is Australia a pivotal power?〉, Australian Strategic Policy Institute.

10) 미국이 쿠바를 매입하려는 계획은 당시의 주스페인미국대사였던 피에르 슐레가 〈오스텐드 성명〉을 1854년에 작성하면서 처음으로 세상에 공개됐습니다. 본래 이 성명은 미국 내 인사들끼리만 공유됐던 극비 정보였습니다. 그러나 스페인이 이 사실을 알게 되면서 미국은 하는 수 없이 1859년에 상원의원이었던 존 슬리델을 통해 또다시 스페인에 쿠바 매입 의사를 밝혔습니다. 참고: 김장민, 2021년 7월 19일, 〈중미 100년 대결전… 최종승자는?〉, 오마이뉴스.

11) 본 자료는 미국이 왜 쿠바 관타나모만을 영구 임대 조약 체결하고 싶었는지 설명해줍니다. 참고: 정지섭, 2014년 6월 6일, 〈쿠바 관타나모에 미국의 수용시설… 왜 적대國에 지었나〉, 조선일보.

12) 김태곤, 하경진, 〈쿠바농업의 이해와 협력가능성〉, 한국농촌경제연구원, 《세계농업》 제191호, p. 8.

13) 위와 동일

14) 위와 동일

15) 야마미엔또는 한국에 잘 알려지지 않은 쿠바의 대국민 집회이자 토론회입니다. 본 자료는 쿠바의 야마미엔또에 대해 설명해줍니다. 참고: 신석호, 2020년 12월 18일, 〈김정은은 언제쯤 대중과 진짜 소통을 할까〉, 동아일보.

16) 본 자료는 레니 리펜슈탈과 그녀의 아버지 그리고 그녀의 동생과의 관계에 대해 설명해줍니다. 참고: Karin Wieland, 《Dietrich & Riefenstahl: Hollywood, Berlin, and a Century in Two Lives》, Liveright Publishing Corporation, 2015.

17) 레니 리펜슈탈은 아르놀트 팡크 감독에게 편지를 보냈고, 편지를 보낸 뒤 그녀는 바로 영화 출연 제의를 받았습니다. 본 자료에서 그 맥락을 확인할 수 있습니다. 참고: Ashley Fantz, 2002년 10월 1일, 〈Happy birthday, Leni Riefenstahl〉, Salon.

18) 레니 리펜슈탈의 편지를 독일어에서 영문으로 그대로 번역해 준 자료입니다. 참고: Karin Wieland, 《Dietrich & Riefenstahl: Hollywood, Berlin, and a Century in Two Lives》, Liveright Publishing Corporation, 2015, p.

144.

19) Karin Wieland, 《Dietrich & Riefenstahl: Hollywood, Berlin, and a Century in Two Lives》, Liveright Publishing Corporation, 2015, p. 145.

20) 허진, 오드리 설킬드, 《레니 리펜슈탈 : 금지된 열정》, 마티, 2006, p. 154.

21) 레니 리펜슈탈은 끝까지 재판관에게 자신은 철저히 예술성에만 초점을 두고 영화를 제작했다고 말했습니다. 본 자료를 통해서 레니 리펜슈탈이 재판관에게 어떻게 변론했는지 볼 수 있습니다. 참고: 김도훈, 2021년 5월 22일, 〈아름답고 불순한 리펜슈탈의 영상은 왜 금지되지 않았나〉, 한겨레.

22) 본 자료는 레니 리펜슈탈이 죽기 전에 남긴 유언의 메시지를 보여줍니다. 본 자료의 출처인 Holocaust Education & Archive Research Team은 홀로코스트에 관여했던 모든 이들의 정보를 제공합니다. 참고: David Nash, Carmelo Lisciotto, 2010년, 〈Leni Riefenstahl〉, Holocaust Research Project.

23) 뉴욕타임즈는 레니 리펜슈탈의 생애와 관련한 기사를 아주 오래전부터 다뤘습니다. 본 자료는 뉴욕타임즈가 '라이 뮐러'의 다큐멘터리 일부를 영문으로 기사화한 자료입니다. 참고: Alan Riding, 2003년 9월 9일, 〈Leni Riefenstahl, Filmmaker and Nazi Propagandist Dies at 101〉, The New York Times.

24) 현재는 남아공에서 흑인이 약 80%를 차지하지만, 대부분 자료는 2011년의 자료를 토대로 흑인 79%, 백인 9%의 통계 지표를 보여줍니다.

25) 기독교 성경 고린도전서 13장 13절 말씀입니다.

26) 본 자료는 영국 가디언지가 썼던 기사로서 남아 연방의 전 총리였던 헨드릭 페르부르트가 어떤 정치적 행보를 펼쳤는지 보여줍니다. 참고: Christopher Hope, 2003년 8월 11일, 〈Mugabe's ties to the architect of apartheid〉, The Guardian.

27) 본 자료는 해롤드 맥밀런 영국 수상이 발표했던 '변화의 바람' 연설문의 내용을 보여줍니다. 참고: Alistair Boddy-Evans, 2019년 3월 2일, 〈Harold Macmillan's "Wind of Change" Speech〉, ThoughtCo.

28) 넬슨 만델라가 1994년 5월 10일, 자신의 대통령 취임식 때 읽었던 연설문입니다. 참고: Government Communication and Information System, 2018년 5월 10일, 〈Read: Nelson Mandela's inauguration speech as President of SA〉, South African Government Information Website.

29) 이기주, 《언어의 온도》, 말글터, 2016, p. 7.

30) Christian Today, 2018년 1월 4일, 〈Blind but now I see: The Christian legacy of Louis Braille〉, Christian Today.

31) 우당 이회영 선생님의 역사를 보여주는 자료입니다. 본 자료에는 당시의 자산 규모도 기록되어 있습니다. 참고: 오현영, 2017년 7월 11일, 〈풍족한 삶 버리고 조국을 택했다, 이회영(李會榮)〉, 조선일보.

32) 왕길환, 2018년 12월 12일, 〈독립운동가들이 꿈꾼 대한민국은 어떤 나라였을까〉, 연합뉴스.

33) 기독교 성경에 나오는 주기도문입니다.

34) 본 자료는 실제 유엔 사무국의 전자 도서관 자료입니다. 모든 유엔 안보리의 회의록은 대중에게 공개되는 것이 원칙입니다. 본 자료는 제473차 안보리 회의록입니다. 회의록을 통해, 당시 안보리 이사국들의 발언을 확인할 수 있습니다. Security Council Official Records, 〈5th Year: 473rd Meeting 25 June 1950〉, United Nations, New York

35) 위와 동일, p. 3.

36) 위와 동일, p. 4.

37) 위와 동일, p. 4.

38) 위와 동일, p. 4.

39) 위와 동일, p. 8.

40) 위와 동일, p. 9.

41) 맥아더 장군이 알몬드 장군에게 내린 모든 명령이 본 자료에 기록되어 있습니다. 참고: Billy C. Mossman, 《Ebb and Flow: November 1950-July 1951》, Center of Military History, United States Army, 1990.

당신의 역사가 역사를 만날 때

초판 1쇄 발행 2023년 8월 15일

지은이 임라원
편집 김현지
디자인 임라원, 조히라
펴낸이 최유와, 임라원
펴낸곳 모길비(모든 길을 비추는)
출판등록 2022년 5월 23일 제2022-000115호
문의 mogilby@intellution.co.kr

copyright ⓒ 임라원 2023, Printed in Korea
ISBN 979-11-979378-9-7